Brevísima historia de la literatura española

Alfonso Ruiz de Aguirre
Tania de Miguel Magro
Pablo García Loaeza

Galleon
PRESS

Brevísima historia de la literatura española
Alfonso Ruiz de Aguirre, Tania de Miguel Magro, and Pablo García Loaeza

Published by Galleon Press LLC
508 Elm Street
Morgantown WV 26501

ISBN: 978-0-9856171-4-1
LCCN: 2013943651
Copyright © 2013 by Galleon Press LLC
First Edition, 2013
Published in the United States of America

ÍNDICE

EDAD MEDIA

La literatura de un país siempre guarda una estrecha relación con su historia. España se forjó durante ocho siglos de guerra entre cristianos y musulmanes. Su literatura quedó impregnada de este espíritu bélico y religioso.

La península ibérica había constituido una importante parte del imperio romano: Hispania. De allí habían surgido filósofos, escritores, generales y gobernantes. En el siglo V, los romanos pusieron a los visigodos, un pueblo germánico, a cargo del gobierno de la provincia de Hispania. Cuando Roma cayó ante los bárbaros en el 476 d.C., los visigodos siguieron rigiendo los destinos de Hispania. Los visigodos adoptaron la lengua del imperio romano, el latín, y la religión católica.

En el año 711, las tropas musulmanas mandadas por Tarik invadieron la península ibérica. Previamente, habían extendido el Islam a golpe de espada por el norte de África y ahora se disponían a hacerlo por Europa. La invasión musulmana obligó a muchos cristianos a retirarse al norte de la península. En esa zona montañosa podían defenderse de las tropas enemigas, más numerosas y mejor organizadas. Los cristianos del norte se agruparon en reinos independientes, entre los que se destacaron León (que incluía el condado de Castilla), Aragón, Portugal y Navarra. Al principio los cristianos ofrecieron una pequeña resistencia y apenas lograron provocar alguna escaramuza, pero poco a poco fueron formando auténticos ejércitos y recuperando terrenos: este proceso se conoce como la Reconquista. La Reconquista terminó en 1492, cuando los Reyes Católicos tomaron el último reino musulmán, Granada.

Los cristianos del norte vivían en núcleos separados unos de otros, porque las vías de comunicación apenas existían. Aunque todos seguían hablando latín vulgar, cada grupo lo hacía a su modo y llegó un momento en el que cada uno hablaba un dialecto diferente del latín: algunos de estos dialectos llegaron a convertirse en lenguas y otros desaparecieron.

Del latín surgieron los siguientes dialectos: el galaico-portugués, el astur-leonés, el castellano, el navarro-aragonés, el catalán y el mozárabe (hablado por los cristianos que se quedaron en territorio musulmán). A estas lenguas, como a todas las que derivan de latín, se las llama lenguas romances. Además, en la península se hablaba árabe, hebreo y una lengua prerromana, el vascuence o euskera. A lo largo de la Edad Media, el gallego y el catalán desarrollaron una literatura muy rica. De las lenguas medievales han sobrevivido el castellano, el catalán, el gallego, el portugués y el euskera. Debido a que el reino de Castilla logró la hegemonía, el castellano pasó a llamarse también español y se convirtió en la lengua oficial de toda España.

Durante la Edad Media, en las áreas cristianas, las personas se dividían en estamentos (grupos sociales determinados por el nacimiento). Resultaba muy difícil ascender al estamento superior y eran raros los matrimonios entre miembros de estamentos distintos. Los estamentos más relevantes eran tres y cada uno tenía una función. Los nobles eran guerreros que debían proteger a los campesinos a cambio de su vasallaje. Los clérigos debían consagrar su vida a la oración y al estudio. Los campesinos debían trabajar la tierra y cuidar el ganado. La vida era muy dura para todos, pero quien cumpliera su obligación ganaría el cielo. Había también artesanos y comerciantes, pero las actividades mercantiles estaban mal vistas, puesto que se asociaban a los judíos, y el antisemitismo estaba muy extendido.

El pueblo vivía en la mayor de las miserias, sometido a las continuas guerras entre señores feudales, a las hambrunas y a las enfermedades. Es fácil comprender que su vida no se convirtiera en tema literario. Los asuntos que agradaban a las personas de la época nada tenían que ver con una vida cotidiana extremadamente dura: les emocionaban sobre todo las hazañas de héroes guerreros y los relatos religiosos.

PRIMEROS TEXTOS EN CASTELLANO

Las primeras manifestaciones culturales de una lengua siempre son orales. Las personas cantan, inventan cuentos o relatan historias. Sólo mucho después, alguien con la cultura suficiente siente la necesidad de ponerlos por escrito. Las primeras palabras escritas en castellano las encontramos en las **glosas** silenses y emilianenses. Los monjes de los monasterios de Santo Domingo de Silos (de ahí la palabra *silenses*) y de San Millán de la Cogolla (de ahí *emilianenses*) leían pesados volúmenes en latín y no siempre comprendían aquellas expresiones escritas en una lengua que se parecía cada vez menos a la que ellos hablaban, por ello surgió la necesidad de poner notas aclaratorias en castellano: esas notas son las glosas.

Los primeros textos literarios hispanos son las **jarchas** de finales del siglo X o principios del siglo XI. Se conservan aproximadamente sesenta cancioncillas breves escritas en lengua mozárabe que aparecen recogidas al final de varias *moaxajas* (poemas estróficos escritos en árabe o hebreo), lo que supone un bello ejemplo de la relación cultural entre cristianos, musulmanes y judíos en la Edad Media. Las jarchas pertenecían a la tradición oral popular de los cristianos. La gran mayoría son poemas amorosos puestos en boca de una muchacha que se dirige a su madre o a su amado. Debido a su brevedad, las jarchas tienen un carácter fragmentario y, sin embargo, son capaces de evocar historias de amor.

CANTAR DE MÍO CID

La más antigua obra escrita en castellano que se conserva casi completa (faltan tres páginas) es el *Cantar de Mío Cid* o *Poema del Cid*, texto anónimo que proviene de la tradición oral. Los especialistas no han determinado con certeza si la obra se compuso en el siglo XII o XIII, pero la única copia que se conserva la transcribió un tal Pedro Abad (Per Abat) en 1307.

El *Cantar de Mío Cid* cuenta cómo el rey Alfonso VI de Castilla y de León destierra al caballero Rodrigo Díaz de Vivar, llamado El Cid Campeador. El Cid parte con sus hombres de confianza y comienza a ganar batallas contra los moros. Tras cada victoria, el Cid siempre le envía parte del botín a Alfonso VI, pues lo sigue reconociendo como su señor feudal. El Cid conquista Valencia y se convierte en su señor. Desde allí sigue venciendo a los musulmanes y entregando un tributo al rey, quien finalmente lo perdona. Alentados por la riqueza del Cid, los infantes de Carrión piden la mano de sus hijas. Aunque el Cid desconfía de ellos, se conciertan los matrimonios. Las sospechas del héroe se confirman al poco tiempo: los infantes son unos cobardes y maltratan a sus mujeres hasta casi matarlas. El Cid desafía a los infantes y sale victorioso. Al final sus hijas consiguen casarse con los príncipes de Navarra y Aragón.

El tema fundamental de la obra es la recuperación de la honra (o reputación) perdida. El Cid perdió la honra al ser desterrado y la recuperó mediante sus hazañas guerreras. Además, el matrimonio de sus hijas con herederos a distintas coronas le permitió ascender socialmente. A menudo se ha señalado que el realismo es una de las principales características de la literatura castellana. Mientras el resto de la épica europea muestra numerosos elementos fantásticos, el *Cantar de Mío Cid* narra sucesos, aventuras y hazañas que casi siempre se ajustan a lo posible. Sin embargo, es importante recordar que, aunque aparecen en el poema personajes, escenarios y sucesos reales, no se trata de una obra histórica, sino literaria.

El Cantar de Mío Cid es la obra cumbre del **mester de juglaría**. La palabra *mester* significa oficio. El oficio de los juglares era divertir. Los juglares, en sus actuaciones por los pueblos, iban alternando los juegos circenses con el canto de poemas en verso. No eran poetas cultos y no se consideraban autores de lo que recitaban. Aprendían los poemas de memoria, porque muchos no sabían leer ni escribir, y los iban cambiando, según su conveniencia, para hacerlos más atractivos al auditorio, de cuyas aportaciones económicas dependía su subsistencia. El género más popular entre los juglares era el **cantar de gesta**. Los cantares de gesta narraban las hazañas de héroes, como el Cid, que reforzaban el patriotismo de las clases humildes y halagaban a los nobles.

SIGLO XIII

En el siglo XIII siguieron escribiéndose obras del mester de juglaría y nació el **mester de clerecía**. El nombre se debe a que los escritores ya no eran juglares, sino clérigos que pretendían divertir al pueblo y, más aún, enseñar y moralizar. Frente a la métrica desordenada de los juglares, los clérigos usaban normas rígidas de escritura para demostrar su habilidad poética. Los temas religiosos abundaron al principio, aunque poco a poco fueron abriéndose a otros asuntos.

GONZALO DE BERCEO

Gonzalo de Berceo (c. 1197-a. 1264) es el primer poeta castellano de nombre conocido y el principal representante del mester de clerecía. Como clérigo, su vida estuvo vinculada a los monasterios de San Millán de la Cogolla y de Santo Domingo de Silos. Escribió varias vidas de santos, pero su obra más conocida es *Milagros de Nuestra Señora*. Se trata de un conjunto de 25 cuentos en verso que relatan milagros de la Virgen. El argumento no es original: Berceo lo toma de las colecciones de milagros escritas en latín. Lo original es la manera amena y simpática en que Berceo escribe sus cuentos, dándoles un tono familiar y cercano. El poeta a veces se dirige al auditorio pidiendo un vaso de vino, como hacían los juglares, y se adapta a la ingenuidad cultural de sus oyentes. En los *Milagros*, la Virgen nunca aparece como el personaje sumiso y retraído que muestran muchos cuadros de la época. Por lo contrario, su carácter es muy fuerte y no deja de luchar nunca por sus devotos, se porten éstos bien o mal. El mensaje de la obra es claro: todos cometemos errores, pero, si amamos a la Virgen y la tenemos siempre presente en nuestras vidas, ella nos ayudará a salir de los aprietos. Por ejemplo, en el "Milagro del sacristán fornicario", Berceo narra cómo un clérigo siempre se encomienda a la Virgen antes de salir por las noches de su convento para mantener relaciones sexuales. Un día, cuando vuelve tras pecar, cae al río. Los demonios se quieren llevar su alma, pero la Virgen consigue que Jesucristo lo resucite. Una vez revivido, el fraile lleva una vida ejemplar.

ALFONSO X

Aunque la obra de Alfonso X el Sabio (1221-1284) no es estrictamente literaria, su trabajo para transformar la lengua castellana en un vehículo de comunicación eficaz lo convierte en uno de los principales referentes culturales del siglo XIII. La prosa castellana no se regía por ninguna norma; él hizo un esfuerzo por darle una forma estable, de modo que todos emplearan una escritura similar. En esa época, la prosa gozaba de mayor prestigio que el verso, que era asunto de juglares y motivo de diversión. La prosa se usaba para temas serios: historia, filosofía o leyes.

Alfonso X impulsó la Escuela de Traductores de Toledo. Por orden suya se tradujeron al castellano las obras clásicas en griego, latín, hebreo y árabe. Así consiguió que la cultura clásica pudiera transmitirse en castellano y le aportó mayor prestigio a esta lengua. Aunque no escribía personalmente, sí se ocupaba de que las obras cumplieran con sus expectativas, dando indicaciones a los redactores y corrigiéndolas. Gracias a su esfuerzo y al de sus colaboradores, dejó obras de derecho (*Las siete partidas*), tratados de astronomía (*Libros del saber de astronomía*), libros de historia (*Historia de España* e *Historia General*) e incluso un tratado sobre el ajedrez y los dados (*Libro de los juegos*). Compuso por sí mismo las *Cantigas de Santa María*, una obra poética en galaico-portugués dedicada a la Virgen.

SIGLO XIV

A lo largo del siglo XIV, las ciudades fueron tomando mayor importancia y se desarrolló precariamente la burguesía. Empezó la Guerra de los Cien Años entre Inglaterra y Francia y se produjo el Cisma de Occidente, por lo que durante unas décadas coexistieron varios papas a la vez. En Castilla, la Reconquista se detuvo y se sucedieron las guerras civiles. Los aragoneses comenzaron su expansión por el Mediterráneo. El arte gótico, que en el siglo XIII ya había dado la imponente catedral de Toledo, siguió evolucionando.

Durante este siglo escribieron en Italia autores del talento de Dante Alighieri, Francesco Petrarca o Giovanni Boccaccio y en Inglaterra, Geoffrey Chaucer. En España, se compusieron las últimas obras del mester de juglaría, como *Las mocedades de don Rodrigo*, que cuentan la juventud del Cid, con episodios inventados y muy novelescos que tratan de engrandecer su figura. El mester de clerecía siguió abriéndose a nuevos temas. **Pedro López de Ayala** escribió el *Rimado de Palacio*, un texto didáctico que critica a las autoridades civiles y eclesiásticas y vuelca su ironía sobre quienes se aprovechan de los humildes. Mezcla todo tipo de contenidos: la confesión del autor, poemas líricos y reflexiones filosóficas.

LIBRO DE BUEN AMOR

El *Libro de buen amor* de **Juan Ruiz, arcipreste de Hita**, nos muestra una literatura en la que el humor ocupa un lugar esencial. La obra se organiza en torno a la ficticia autobiografía amorosa del arcipreste. Juan Ruiz se presenta como un galán que vive aventuras amorosas muy dispares. Por ejemplo, es acosado por salvajes mujeres serranas y mantiene un romance con una monja. Encontramos en el *Libro de buen amor* gran diversidad de elementos: fábulas y cuentos con propósito moral, una pelea dialéctica entre el arcipreste y el Amor, varios cuentos amorosos, una batalla de carácter alegórico y paródico entre el Carnaval y la Cuaresma, sátiras, sermones, plegarias y composiciones líricas y burlescas. El libro se ajusta en su mayor parte a las normas del mester de clerecía.

El arcipreste quiere convencernos del carácter moral de su libro. Insiste muchas veces en que, si nos muestra situaciones pecaminosas y personajes lascivos, es para orientarnos hacia el amor a Dios y prevenirnos contra el *loco amor*, es decir, el amor carnal. Según el arcipreste, si un lector interpreta su libro como una incitación al pecado, se debe a que este lector tiene una mente sucia. Algunos críticos aceptan el carácter didáctico de la obra, pero la mayoría señalan que hay un claro espíritu humorístico y que el supuesto didacticismo es sólo una treta que el autor emplea para burlar la censura e introducir contenidos prohibidos en la época.

DON JUAN MANUEL

Don Juan Manuel (1282-1348), sobrino de Alfonso X, es el primer noble que se entregó a la literatura. Durante mucho tiempo el papel de los nobles era fundamentalmente guerrero y se consideraba inadecuado que se dedicaran a cualquier trabajo manual, incluido escribir. Don Juan Manuel se justifica asegurando que la escritura le parece actividad más honrosa que dedicarse, por ejemplo, a jugar a los dados.

Su obra principal es *El conde Lucanor*, que consta de un conjunto de cincuenta y un cuentos que comparten una estructura común. En cada cuento, el joven conde Lucanor plantea un problema a su hombre de confianza, Patronio. Patronio no le responde directamente, sino que aclara su duda con un cuento en el que los personajes tienen que enfrentarse a un dilema similar, y del que se obtiene una moraleja. El propósito de don Juan Manuel es educar a los nobles, inculcarles los principios de honor que deben regir su comportamiento y ofrecerles los consejos que los ayuden a cumplir sus obligaciones.

SIGLO XV

En 1453 Constantinopla, donde se guardaba lo más importante del legado greco-romano, cayó en poder de los turcos. Los sabios de Constantinopla huyeron y se refugiaron en distintos países a los que llevaron sus conocimientos humanísticos. En parte de Europa comenzó el Renacimiento, aunque todavía no en España. En este mismo siglo, Gutenberg inventó la imprenta: los saberes podían difundirse ahora a gran velocidad.

En Castilla continuaron las guerras y los desórdenes, que no cesaron hasta que los Reyes Católicos, Isabel I de Castilla y Fernando II de Aragón, unieron sus dos coronas, obligaron a los nobles a acatar su poder e impusieron una monarquía autoritaria. 1492 es un año particularmente significativo en la historia de España: terminó la Reconquista, Cristóbal Colón llegó a América, los judíos fueron expulsados de la península y Antonio de Nebrija publicó la gramática castellana, la primera de una lengua romance.

POESÍA DE CANCIONERO

En el siglo XV se desarrolla una cultura cortesana, porque una parte importante de la nobleza reside en la corte, en lugar de vivir en su feudo. En este nuevo ambiente, el perfecto caballero debía manejar tanto la pluma como la espada. Si antes se miraba mal al noble que escribía, ahora escribir se convierte en un deber cortesano y quien no es capaz de hacerlo contrata a alguien para componer poemas en su nombre.

La poesía culta de la época se llama poesía de cancionero porque se transmitía por medio de antologías de diversos autores llamadas *cancioneros*. Dentro de la poesía de cancionero predomina el tema del amor cortés, que había sido definido con enorme detalle en la poesía provenzal. El poeta dedica toda su vida a cantar a una dama a la que adora. Su amor es siempre imposible, bien por la diferencia de clase social, bien porque ella está casada. El poeta sufre enormemente, pero su sufrimiento aumenta su amor y constituye su mayor mérito. El amor debe permanecer en secreto, por lo que está prohibido mencionar el nombre de la dama o cualquier dato que pueda identificarla. Es difícil encontrar originalidad, emoción o sinceridad en esta poesía, pues su principal pretensión era mostrarse ingeniosa. Hay también poemas sobre temas considerados más serios (filosofía, historia o moral) y composiciones destinadas a ridiculizar a algún enemigo o a burlarse de algún vicio. El **marqués de Santillana**, **Juan de Mena** y Jorge Manrique son los poetas más conocidos de la poesía cancioneril.

JORGE MANRIQUE

Jorge Manrique (¿1440?-1479) escribió todo tipo de poesía de cancionero, pero su obra cumbre son las *Coplas a la muerte de su padre*. En esta elegía, el autor reflexiona acerca de la muerte y del sentido de la vida. En primer lugar, se dirige a todos los hombres para hacerlos ver que la muerte los acecha y que les puede llegar en cualquier momento, que los placeres de la vida son sólo una trampa y que, por muy valioso que sea lo que posean o deseen, van a perderlo tarde o temprano. Después menciona a individuos célebres e importantes que ya han muerto para demostrar que la muerte no perdona a nadie. Por último, muestra a su padre como modelo de persona que supo renunciar a cualquier tentación para dedicarse en exclusiva a cumplir las obligaciones que conllevaba su nobleza. Para Jorge Manrique existen tres vidas: la terrenal, la de la fama y la eterna. La vida terrenal no vale nada ni dura nada, es sólo un paso hacia la muerte. El único objetivo de esta vida es aprovecharla para obrar bien y ganarse el cielo. La vida de la fama vale algo más, pues perdura tras la muerte del cuerpo, y se alcanza cumpliendo con los deberes. La única vida verdadera y valiosa es la eterna, que Dios concede a quien ha renunciado al pecado y ha sido un buen cristiano.

LÍRICA POPULAR

Desde el inicio del castellano, surgió una lírica popular oral. Existían composiciones que se cantaron durante siglos, pero que no fueron puestas por escrito hasta el siglo XV. Se trata de poemas sencillos, breves, espontáneos y capaces de expresar muchos contenidos que la lírica culta no trataba por considerarlos inmorales o inapropiados. Debido a su carácter oral, existen a menudo múltiples variantes de un mismo poema. Sus temas son muy diversos: el amor, el triunfo de la primavera, el trabajo agrícola, las bodas, las oraciones, el erotismo, la romería, los clérigos inmorales, los vicios, la fiesta, el santo patrón, la muerte, etc.

ROMANCERO VIEJO

Hubo también una poesía narrativa de carácter popular: el romancero. Los romances son poemas narrativos anónimos, escritos con una métrica sencilla (número ilimitado de octosílabos con rima asonante en los versos pares). Ignoramos la fecha de su composición, puesto que se transmitieron de forma oral hasta que comenzaron a ser recopilados por escrito en el siglo XV en colecciones llamadas romanceros. A los primeros romances, de origen popular, se los llama *romances viejos* para distinguirlos de los escritos por poetas cultos, a partir del siglo XVI, que se denominan *romances nuevos*.

Los romances tienen temas muy variados y suelen dividirse en épicos, novelescos y líricos. Un gran número de romances épicos tratan sobre las hazañas del Cid, la desventura del rey don Rodrigo y la historia de los infantes de Lara (o de Salas). Los romances llamados fronterizos se ambientan en la Reconquista; en ellos aparece una imagen idealizada del enemigo musulmán. Los romances carolingios abordan asuntos de la épica francesa y narran las aventuras de Carlomagno, Roldán o los Doce Pares de Francia. En los romances novelescos y líricos se relatan historias de amor, de cautiverio, de personajes bíblicos, de malvadas traiciones y de sueños imposibles.

PROSA

En la prosa del siglo XV destacan la didáctica, la novela y la historia. En el apartado histórico son dignas de mención las numerosas crónicas, como la *Crónica de don Juan II*. En el apartado didáctico, el **arcipreste de Talavera** escribe el *Corbacho*, una obra misógina que pretende denunciar el amor lascivo. La novela sentimental de **Diego de San Pedro**, *Cárcel de amor*, analiza la pasión amorosa y narra las desventuras de Leriano que, despreciado por su amada, se bebe en una copa las cartas de la mujer y después se deja morir de hambre.

LA CELESTINA

Sin lugar a dudas, la obra cumbre del siglo XV es *La Celestina* o *Tragicomedia de Calisto y Melibea*. El autor, **Fernando de Rojas** (¿1470?-1541), afirma en una carta que encontró escrito el primer auto (capítulo) y continuó la obra. Algunos eruditos dan la versión por buena y otros la cuestionan. El género de *La Celestina* es la comedia humanística. Formalmente, parece una obra de teatro, pero se trata de un diálogo que no se pensó para ser representado, sino leído.

Para la época, el argumento de la obra es complejo. Calisto se enamora de Melibea y decide contratar a una alcahueta, Celestina, para que lo ayude a seducir a la joven. Celestina sabe que, para sacar el mayor beneficio de la situación, debe conseguir el favor de los dos criados de Calisto: Pármeno y Sempronio. Celestina se gana la confianza de ambos facilitando encuentros eróticos con dos prostitutas que trabajan para ella: Elicia y Areúsa. Cuando por primera vez Melibea descubre el propósito de Celestina, se enfada, pero Celestina recurre a la magia y consigue que Melibea cambie de opinión y decida echarse en brazos de

Calisto. Calisto, emocionado con los rápidos resultados, regala una valiosa cadena de oro a Celestina en pago por sus servicios. Pármeno y Sempronio reclaman su parte de la cadena a la alcahueta, a quien han ayudado, pero ella se niega a dársela. Los criados asesinan a Celestina y son condenados a muerte por la justicia. Areúsa culpa a Calisto de lo sucedido y contrata a Centurio para que lo mate. Centurio es un fanfarrón que no pretende cumplir su palabra. Se acerca al jardín de la casa de Melibea cuando la joven se halla en brazos de Calisto, con el propósito de armar ruido. Calisto sale a ver lo que pasa, pero, al saltar de la tapia del jardín, cae y se mata. Incapaz de soportar la muerte de su amado, Melibea se suicida arrojándose por una torre. El castigo de los personajes que se han dejado llevar por la lujuria y la codicia no es sólo la muerte, sino el infierno, pues todos mueren sin confesarse. La obra termina con el desgarrador llanto de Pleberio, lamentándose por la muerte de su hija Melibea.

En *La Celestina* se nos presentan dos mundos claramente divididos por su modo de vida y su cultura: el de los señores y el de los criados. Hablan de forma distinta, se comportan de forma distinta y afrontan problemas distintos. Pero la despreocupación moral ante el pecado y la lascivia son idénticas en todos ellos: son humanos. De todos los personajes, el creado con mayor profundidad es Celestina, una mujer dotada de una inteligencia prodigiosa y sin escrúpulos, capaz de urdir una complicada red para llevar sus propósitos a buen puerto. Pero, como nadie es perfecto, ni siquiera ella es capaz de prever el poder de la codicia humana, representada por Pármeno y Sempronio.

RENACIMIENTO

Durante el siglo XVI, España fue la primera potencia militar, económica y cultural del mundo. Con Carlos I de España y V de Alemania, uno de los nietos de los Reyes Católicos, España se convirtió en un Imperio mundial. Carlos I fue rey de Castilla, Aragón y Navarra, a la vez que emperador de Alemania. Se decía que en sus reinos y en los de su hijo, Felipe II, nunca se ponía el sol, puesto que abarcaban tal extensión que, cuando el sol se ponía en un territorio, ya había amanecido en otro. La monarquía consiguió un poder absoluto y dominó por completo a la aristocracia: el feudalismo había terminado para siempre. En este siglo y el siguiente, el arte y la literatura española alcanzaron su máximo esplendor, por eso se los llama los *siglos de oro*.

Sin embargo la vida en España era miserable, especialmente durante la segunda mitad del siglo. Ni el clero, ni los nobles, ni los hidalgos, pagaban impuestos, lo que suponía una dura carga para el resto de la sociedad. Muchas personas emigraron a América en busca de fortuna. La mayor parte de los recursos que venían de América se gastaba en guerras y miles de hombres eran reclutados para formar parte de los famosos Tercios de la infantería española. Pero la gloria militar no servía para cultivar los campos ni para generar riqueza. La sociedad estaba obsesionada con la limpieza de sangre: quienes descendían de moriscos o de judíos, cristianos nuevos, no gozaban de los mismos derechos que los cristianos viejos, aquéllos que podían demostrar que todos sus antepasados habían sido cristianos. Por otro lado, el desarrollo de las técnicas artesanales y el comercio permitieron el continuo ascenso de la burguesía.

Las tensiones dentro de la iglesia estallaron con la Reforma Protestante de Martín Lutero. Los protestantes se separaron de la iglesia romana y renunciaron a obedecer al Papa. Los católicos, con España a la cabeza, lanzaron una Contrarreforma para combatir lo que consideraban herejía y reafirmaron su doctrina en el Concilio de Trento. Las guerras de religión se extendieron por toda Europa. Frente a reformistas y contrarreformistas, surgió la figura de Erasmo de Roterdam, que proponía una vuelta a una religiosidad sincera, en la que contaran las obras y el amor, y no sólo los rezos. Erasmo criticaba a la jerarquía eclesiástica, pero no quería abandonar la iglesia católica, sino reformarla desde dentro. El erasmismo ejerció una fuerte influencia sobre los escritores renacentistas españoles.

El Renacimiento supuso un gran cambio en el modo de ver el mundo. Durante la Edad Media, Dios era el eje de la existencia, pero el Renacimiento tiene una actitud humanista que valora más al hombre. El humanismo no critica la religión, pero defiende que el ser humano puede aspirar a la felicidad en la tierra. El mundo es un lugar maravilloso, la vida terrena es el mejor regalo que Dios ha dado al hombre, la persona está hecha a imagen y semejanza del creador y su dignidad resulta incuestionable. Pensar no es un desafío a Dios, sino un acto que responde a la voluntad divina y que puede permitir a la persona ampliar los límites de la sabiduría, desarrollar la ciencia y las artes, y alcanzar la justicia, la paz y la excelencia. La curiosidad del hombre renacentista no conoce límites. Intenta saber lo más posible de ciencia, arte, historia, filosofía y literatura, porque está convencido de que el conocimiento y la sabiduría hacen mejor al ser humano. Además, la llegada a Europa de inventos como la brújula, el papel o la imprenta permitieron una mayor expansión del saber. Si antes el amor entre hombre y mujer se consideraba un pecado, salvo que tuviera como propósito la reproducción, en el Renacimiento es considerado el sentimiento más noble. El hombre no es sólo un pecador, sino un ser digno, capaz de grandes obras.

Muchos de los valores humanistas surgieron del redescubrimiento de los clásicos greco-latinos. El estudio de las lenguas y literaturas clásicas se hizo imprescindible para la gente culta. Durante gran parte de la Edad Media, la cultura se había limitado a transmitir saberes del pasado, sin atreverse a crear. Pero el escritor renacentista pensaba que, luego de aprender de los clásicos, debía aportar su propio talento, su saber y sus sentimientos.

GARCILASO DE LA VEGA

Las primeras manifestaciones plenamente renacentistas en España se dieron en la poesía. **Juan Boscán** adaptó al español por primera vez los temas y la métrica de la poesía italiana de Petrarca y persuadió a Garcilaso de la Vega (c.1500-1536) para que siguiera el mismo camino.

El tema fundamental de la poesía de Garcilaso es su amor por Isabel Freyre. Inspirado por el neoplatonismo, está convencido de que el alma del amante es sólo una mitad que debe encontrar su otra mitad en el mundo para formar un todo unitario. Isabel Freyre es la mitad que le falta y a ella dedicará todo su arte poético. Garcilaso diviniza a Isabel, pero no puede entregarse al amor, porque ambos están casados. El dolor que le provoca esta situación, en lugar de disuadirlo, hace que la ame aún más y que se esfuerce en servirla con lo único que tiene: sus versos. En ellos, el amor se manifiesta de una forma sincera, a diferencia de lo que ocurría en la poesía de cancionero. Los poemas de Garcilaso hacen referencia a los episodios clave de su vida amorosa: el matrimonio de Isabel Freyre, el destierro hacia Italia, que lo aleja de su amada, y la muerte de ésta. Ni siquiera el fallecimiento de Isabel impide que el poeta continúe dedicándole toda su poesía. Sus versos se vuelven aún más conmovedores.

Garcilaso murió sin tener ocasión de ordenar su poesía, que fue publicada junto a la de Boscán por la viuda de éste. Su prematura muerte no permite establecer con absoluta seguridad que concibiera su obra como una única historia de amor, al estilo del *Cancionero* de Petrarca, aunque resulta lo más probable. En 1580, Garcilaso se convirtió en el primer clásico moderno cuando el erudito y poeta Juan de Herrera publicó sus obras por separado y las anotó como se hacía con los clásicos greco-latinos.

La obra completa de Garcilaso es breve: tres odas en latín, siete coplas cancioneriles, cuarenta sonetos, cinco canciones, una oda, dos elegías, una epístola y tres églogas. Una égloga es una composición pastoril que comienza al amanecer y termina al anochecer; en ella, unos pastores idealizados, que representan a nobles cortesanos, manifiestan su amor en el entorno de una naturaleza perfecta. En la égloga I, Salicio llora porque su amada Galatea lo desdeña y prefiere a otro, mientras que Nemoroso lamenta amargamente la muerte de su amada Elisa, pero no pierde la esperanza de encontrarse de nuevo con ella en otro mundo mejor. Éstas son referencias al matrimonio y muerte de Isabel Freyre. En la égloga III, Garcilaso imagina a unas ninfas salidas del río Tajo que tejen en sus tapices historias de amor de la antigüedad clásica y la suya propia. De este modo, consigue fundirse totalmente con el mito y convertir la suya en una más de las grandes historias de amor de la mitología. Sus sonetos más conocidos son "En tanto que de rosa y azucena", que presenta el tema del *carpe diem*, y "A Dafne ya los brazos le crecían", en que el poeta se identifica con la historia de amor de Apolo y Dafne.

DIÁLOGO RENACENTISTA

Durante la Edad Media se habían escrito diálogos en los que un sabio instruía a sus discípulos. En el Renacimiento, los diálogos presentan a personajes que defienden distintas teorías: de todas ellas podemos aprender, porque la razón no pertenece en exclusiva a ninguno de los interlocutores.

En el *Diálogo de las cosas ocurridas en Roma*, de **Alfonso de Valdés**, dos personajes discuten acerca del saco de Roma, evento histórico en el que las tropas Carlos V saquearon Roma y tomaron prisionero al papa. Un personaje justifica el saqueo arguyendo que el papa es guerrero y ambicioso, y otro personaje defiende al pontífice. Cuando la Inquisición elaboró una lista de libros prohibidos, este diálogo fue el primero en ser incluido en ella. **Juan de Valdés**, hermano de Alfonso, escribió el *Diálogo de la lengua*, en el que su autor, dos italianos y otro español discuten acerca del uso correcto del castellano. La obra es una muestra de la enorme relevancia del castellano en la época. La propuesta de Valdés sobre cómo escribir en español se centra en la máxima "escribo como hablo". Otro diálogo interesante es *El Crótalon*, de **Cristóbal de Villalón**, que presenta ideas erasmistas mediante el diálogo entre un zapatero y un gallo que ha vivido múltiples reencarnaciones y satiriza las costumbres y los vicios de los hombres.

NOVELA RENACENTISTA

Durante el Renacimiento surgieron distintos géneros narrativos y se desarrollaron otros que ya existían en la Edad Media. Los LIBROS o NOVELAS DE CABALLERÍA presentan las hazañas de un caballero que consigue, por medio de su valentía y de la fuerza que le da su amor, ascender en la escala social. La más conocida de estas novelas es *Amadís de Gaula* de **Garci Rodríguez de Montalvo**. Esta obra es vesión de una historia medival cuya fecha original de composición desconocemos. Tras haber sido abandonado por sus padres, Amadís consigue realizar las más fabulosas hazañas, defiende a los desvalidos, derrota a monstruos, caballeros enemigos y malvados hechiceros y conquista reinos imaginarios.

La NOVELA PASTORIL es un género creado en Italia por Jacopo Sannazaro. Varios pastores y pastoras idealizados comparten un escenario de enorme belleza natural, el *lugar ameno* (en latín *locus amoenus*). Los personajes van mostrando por medio de poemas su amor, sus celos, las dificultades para ser amados y la necesidad que sienten del pastor o la pastora de sus sueños. En este género, los elementos líricos llegan a ser más importantes que la narración. Finalmente todos los pastores terminan agrupados en parejas y triunfa el amor. *La Diana* de **Jorge de Montemayor** es la novela más famosa en este género.

La NOVELA BIZANTINA relata la pasión de dos enamorados que se ven separados y pasan mil aventuras mientras luchan por volver a reunirse. Su argumento se parece mucho al de la *Odisea* de Homero. En estas obras, uno de los amantes tiene que asumir una falsa identidad que sólo revela al final. Se escriben muchas novelas bizantinas durante los siglos XVI y XVII, como *Los trabajos de Persiles y Sigismunda* de **Miguel de Cervantes**.

La NOVELA MORISCA narra los amores entre cristianos y musulmanes. Se ambienta en la Reconquista o en las prisiones de Argel, a donde los corsarios musulmanes llevaban a los prisioneros cristianos. La primera novela morisca es ***Historia del Abencerraje y de la hermosa Jarifa***, anónima.

POESÍA RELIGIOSA

En la segunda mitad del siglo XVI, la poesía religiosa, anticipando el pesimismo barroco, presenta el mundo como un lugar peligroso. Según esta poesía, el hombre sólo puede encontrar la felicidad a través del desarrollo de las virtudes cristianas (sobre todo prudencia, modestia, fortaleza y templanza) o en la contemplación del poder de Dios, que se manifiesta en el arte, en el trabajo intelectual y en la naturaleza.

FRAY LUIS DE LEÓN

Fray Luis de León (1527-1591), siguiendo las técnicas garcilasistas y las ideas neoplatónicas, orienta su poesía hacia preocupaciones cristianas, la añoranza del medio rural y la música. Su ascetismo se manifiesta en un deseo de renunciar a las cosas del mundo y a cuanto pueda llevar al hombre al pecado. Defiende que el hombre debe alejarse de la ambición y conformarse con los dones que le ha entregado Dios. Ansía la paz y la armonía que sólo encuentra en la naturaleza. Sus composiciones más conocidas son la "Oda a la vida retirada" y la "Oda a Francisco Salinas", un importante músico de la época.

SAN JUAN DE LA CRUZ

San Juan de la Cruz (1542-1591) es el escritor más importante de poesía mística. La mística es una corriente teológica que enseña las tres etapas o vías que llevan a la unión total con Dios en vida. En la vía purgativa, el alma se purifica mediante la penitencia y el sacrificio para despegarse de las pasiones y necesidades terrenales. En la vía iluminativa, el alma, aunque sigue luchando, empieza a contemplar la luz divina y a gozar la presencia de Dios. En la vía unitiva, el alma alcanza la unión total con Dios. Esta unión es un regalo divino; Dios elige a quien quiere. En la unión, el místico entra en éxtasis y sale de su cuerpo. Cuando regresa al mundo, todo le es indiferente, pues ya sólo vive para estar con Dios. Como el místico no puede reflejar esta experiencia con palabras, tiene que emplear símbolos, paradojas y alegorías. Los poetas explican la unión mística empleando el vocabulario del amor carnal: Dios es el hombre y el alma, la mujer.

En el *Cántico espiritual*, se relata cómo el alma despierta y descubre que su amado se ha ido. Emprende una búsqueda a través de la naturaleza hasta que lo encuentra, y consuman su matrimonio. La obra está basada en el *Cantar de los cantares* de la Biblia. En la *Noche oscura del alma*, el alma sale a escondidas, disfrazada, de su casa, y se une a su amado en un éxtasis. En la *Llama de amor viva*, el alma cuenta lo que siente cuando está en la intimidad con su amado.

SANTA TERESA DE ÁVILA

Santa Teresa de Ávila, o de Jesús, (1515-1582) es conocida sobre todo por su poema "Vivo sin vivir en mí" y por sus textos en prosa. Su obra debe entenderse en el contexto de sus deseos de reformar la vida religiosa. Teresa de Ávila cuenta que en un sueño se le aparecieron las penas del infierno y comprendió que la vida en los conventos de su época nada tenía que ver con lo que Dios quería de los religiosos, de modo que decidió cambiarla. Por supuesto, los monjes y las monjas más acomodados se enfrentaron a ella. Su director espiritual la animó a escribir el *Libro de su vida* para explicar sus experiencias religiosas. En esta obra, con enorme sencillez, nos explica en qué consiste la oración y cómo ha de realizarse. *El libro de las fundaciones* se aleja de su intimidad y se centra más en su labor de servicio a su orden religiosa. En *Las moradas*, también llamada *Castillo interior*, describe las siete habitaciones del castillo metafórico que el alma ha de recorrer antes de reunirse con Dios. En las tres primeras moradas (vía purgativa), el alma tiene que vencer muchas tentaciones para acercarse a Dios. En las tres siguientes (vía iluminativa), recibe los favores de su Esposo. En la última (vía unitiva), se produce la unión total con el Esposo / Dios.

Toda la novela que se ha mencionado hasta aquí presenta personajes y argumentos idealizados. Sin embargo, la picaresca, un tipo de novela realista, se convirtió en el género narrativo más importante de los siglos XVI y XVII. Se trata de un género desconocido en el resto de Europa (aunque se desarrollará allí por imitación) y, por tanto, de una original aportación de la literatura española.

La primera obra picaresca, el *Lazarillo de Tormes*, anónima, se publica en 1554, pero el género no quedó definido hasta la publicación del *Guzmán de Alfarache* de Mateo Alemán, en 1599. El protagonista de estas novelas es un pícaro o una pícara, es decir, una persona que ha nacido en la mayor de las deshonras sociales (padre ladrón y madre prostituta o bruja, por ejemplo). El relato se construye en primera persona y sólo muestra la perspectiva del pícaro, que en algunas obras justifica sus malas acciones. El pícaro comienza la historia con su nacimiento, cuenta cómo le enseñan a engañar para sobrevivir y trata de ascender socialmente usando su ingenio. Es un antihéroe que se mueve en un espacio cotidiano. Aunque hace cuanto puede por prosperar, está predestinado socialmente y nunca puede salir realmente de la miseria y la deshonra. El propósito fundamental de muchas novelas picarescas es criticar la sociedad de su tiempo y mostrar cómo los poderosos se aprovechan de los más humildes.

LAZARILLO DE TORMES

El *Lazarillo* narra la autobiografía ficticia de Lázaro de Tormes, quien no cuenta su vida por voluntad propia: un misterioso "vuestra merced", a quien se dirige, le ha ordenado que relate *el caso*. Hasta el final no sabemos a qué caso se está refiriendo, ni comprendemos que Lázaro está contando toda su vida para disculpar su situación actual. Lázaro comienza con su nacimiento en el río Tormes. Cuenta que su padre era ladrón y sugiere que su madre, tras hacerse amante de un musulmán al que también se procesó por ladrón, ejerció la prostitución. Su madre, que no pudo mantenerlo, lo confió a un ciego que le enseña, a fuerza de golpes, que en la vida sólo se puede sobrevivir si se engaña. Con sus dos primeros amos, el ciego y un clérigo, Lázaro sufre hambre y maltratos. Luego sirve a un escudero del que aprende que las apariencias valen más que la honestidad. Más adelante, se nos insinúa que un fraile abusó sexualmente de él. Después sirve a un vendedor de bulas (documentos religiosos que daban ciertos privilegios a quienes los compraban) que estafa a los crédulos. Al final se aclara el caso: la mujer de Lázaro se acuesta con un arcipreste, a cambio de lo cual Lázaro recibe míseros beneficios que le permiten malvivir. La obra termina con una frase irónica y patética de Lázaro: "En este tiempo estaba en mi prosperidad y en la cumbre de toda buena fortuna".

Para muchos, el *Lazarillo* es la primera novela moderna. Por primera vez un personaje humilde se convierte en protagonista y nos narra una vida vulgar, en lugares concretos, sin sucesos extraordinarios ni fantásticos. En lugar de grandes hazañas o amores elevadísimos, el protagonista sufre hambre, padece miseria y es un marginado. Bajo la aparente sencillez de la prosa del *Lazarillo* se esconden frases magníficamente elaboradas, llenas de dobles sentidos y de ironías.

El *Lazarillo* es el relato de un proceso educativo que lleva a una persona que nace, como todas, inocente, a asumir los perversos valores de una sociedad retorcida que consiente que los poderosos humillen a los humildes, les roben la honra y abusen de ellos. Puesto que el *Lazarillo* está escrito desde una perspectiva erasmista, quedan especialmente desprestigiados los clérigos o quienes viven de la religión y se comportan con la mayor hipocresía: el ciego (que vive de rezar plegarias que interrumpe en cuanto quien ha echado la limosna pasa de largo), el clérigo, el fraile, el vendedor de bulas y el arcipreste. Este aspecto del libro se resume en la frase que pronuncia un Lázaro niño, maltratado por la vida: "Que ya la caridad se subió al cielo".

GUZMÁN DE ALFARACHE

El *Guzmán de Alfarache* de **Mateo Alemán** (1547-¿1615?) toma las características principales que encontramos en el *Lazarillo*, pero insiste en temas y elementos propios de la visión barroca del mundo: la deformación caricaturesca de la realidad, el pesimismo acerca del destino del ser humano, el sarcasmo, la amargura y la inclusión de largas reflexiones morales. Siendo ya adulto, el protagonista de la novela nos cuenta cómo escapó de su casa y vivió las más diversas aventuras: tras ser engañado, se aprovecha de su ingenio para engañar a los demás. El narrador alterna capítulos que cuentan sus vivencias de joven con otros que presentan sus reflexiones de madurez.

EL BUSCÓN

En *El Buscón*, **Francisco de Quevedo** (1580-1645) ensaya una nueva forma de novela picaresca. En ella la crítica social se diluye y el autor critica a los propios pícaros. Quevedo caricaturiza a sus personajes y ridiculiza sus vicios, mediante una prosa conceptista muy rica y compleja. El protagonista, llamado Pablos, nos cuenta su ascendencia deshonrosa (hijo de un barbero ladrón y de una bruja), su terrible aprendizaje con su maestro, el dómine Cabra, que casi lo mata de hambre, sus experiencias como estudiante universitario y su marcha a Madrid. Allí vive de engañar y estafar junto a otros tipos de su calaña. Tras fracasar en todos sus intentos para ascender socialmente, decide emigrar a América, aunque nos dice que allí no le fue mejor, pues no cambió de costumbres.

OTRAS NOVELAS PICARESCAS

Otra obra picaresca importante es la *Vida del escudero Marcos de Obregón* de **Vicente Espinel**. También se escribió picaresca femenina, como *La pícara Justina*, de **Francisco López de Úbeda**. A diferencia de los pícaros, las pícaras no pasan hambre y, además de su inteligencia, usan su encanto femenino para engañar a los hombres y aprovecharse de ellos, aunque no suelen caer en la prostitución: de hecho, Justina llega virgen al matrimonio.

MIGUEL DE CERVANTES

Miguel de Cervantes Saavedra (1547-1616) participó como soldado en la batalla de Lepanto, donde perdió la movilidad de la mano izquierda. De camino a España, su barco fue apresado por los turcos y permaneció prisionero en Argel cinco años. Cuando regresó finalmente a España se convirtió en recaudador de impuestos y fue encarcelado por irregularidades en las cuentas. Murió afrontando apuros económicos y apenas nadie acudió a su entierro.

Resulta difícil decir si Cervantes es un escritor renacentista o barroco. Por cronología, nace y es educado en pleno Renacimiento, pero publica sus mejores obras en el Barroco. En él encontramos juntos el optimismo humanista del Renacimiento y el desengaño pesimista del Barroco. Cervantes se muestra comprensivo con las debilidades del ser humano y dispuesto a considerar todos los puntos de vista. Ante las dificultades, recurre al sentido del humor y al humanismo.

Cervantes probó con casi todos los géneros narrativos de su época, demostrando sus grandes cualidades literarias. Escribió novela pastoril (*La Galatea*), novela bizantina (*Los trabajos de Persiles y Sigismunda*) y novelas cortas al estilo italiano (*Novelas ejemplares*). Las *Novelas ejemplares* son un conjunto de doce novelas cortas llamadas así porque, según el autor, ofrecen ejemplos morales. Una de las más comentadas es *Rinconete y Cortadillo*. En esta historia, muy influida por la picaresca, dos muchachos acuden al patio de Monipodio, el jefe de la delincuencia sevillana, y por allí ven desfilar a matones de alquiler, prostitutas, ladrones y todo tipo de malhechores, cuyo estilo de vida se nos presenta siempre con un tono cómico y ligero.

Una de las grandes ilusiones de Cervantes fue convertirse en un dramaturgo prestigioso, pero el estilo de sus dramas no se avenía a la moda de la época. Su tragedia *El cerco de Numancia* narra el suicidio colectivo de este pueblo al verse sitiado por el ejército romano. Hoy en día lo que más se valora de su teatro son sus entremeses, breves piezas cómicas en los que critica vicios de su época. En el entremés del *Retablo de las maravillas*, un par de pícaros engañan a todo un pueblo ignorante mostrando un supuesto retablo mágico que sólo pueden ver aquellos que sean hijos legítimos y cristianos viejos. Aunque el retablo no existe, nadie en el pueblo está dispuesto a admitir que no puede verlo. La situación satiriza la obsesión de los españoles de la época por la limpieza de sangre.

EL QUIJOTE

El ingenioso hidalgo don Quijote de la Mancha es una de las obras maestras de la literatura mundial. *El Quijote* fue publicado en dos partes, en 1605 y 1615. La primera parte cuenta la historia de un hidalgo, llamado Alonso Quijano, que enloquece por leer demasiados libros de caballería y dormir poco. Su locura le lleva a creer que es un caballero andante. Se pone el nombre de don Quijote de la Mancha, se coloca una armadura de tiempos pasados, que resulta ridícula a sus contemporáneos, y sale por los caminos para proteger a los débiles e imponer la justicia y el bien. Cuenta con un caballo flaco y viejo, Rocinante, con un escudero, Sancho Panza, y con su amor por Dulcinea, una ruda campesina que a él le parece una princesa. Su mente enferma transforma todas las realidades que ve en elementos propios de los libros de caballería: las ventas son castillos, las prostitutas son damas y los molinos de viento son gigantes. Don Quijote y Sancho comparten aventuras en las que reciben golpes, insultos y desprecio. Al final de la primera parte, dos amigos de don Quijote lo convencen de que tiene que desencantar a una princesa, lo meten en una jaula y lo llevan de vuelta a su pueblo. Además de la historia de los personajes principales, en la trama se intercalan muchas historias que adaptan distintos géneros de novela (pastoril, morisca, bizantina, italianizante). Cervantes introdujo estas interpolaciones para hacer la novela más amena, sin embargo no gustaron a la mayor parte de sus contemporáneos, por eso en la segunda parte las limitó mucho.

En la segunda parte, don Quijote ha visto impresas sus propias aventuras en el primer libro, lo que lo reafirma en su convicción de que es un importante caballero, y sale de nuevo con Sancho Panza. En Aragón, unos duques los alojan e inventan aventuras para reírse de ellos. Mandan a Sancho Panza como gobernador a una de sus posesiones y allí ponen a prueba, con pesadas bromas, la capacidad de gobierno del escudero, que sale bien parado del experimento gracias a su sentido común. Don Quijote es derrotado por el Caballero de la Blanca Luna, que es en realidad su amigo Sansón Carrasco. Sansón obliga a don Quijote a que regrese a su pueblo y no ejerza su condición de caballero durante un año. Don Quijote, desmoralizado, enferma de tristeza, pierde toda ilusión, recupera la razón y muere.

Es importante señalar que hay algunos momentos de la novela que nos hacen dudar seriamente de la locura del hidalgo, y nos hacen cuestionarnos si tal locura no será una elección. Cuando Sancho se burla de don Quijote por llamar princesa a Dulcinea, una simple campesina, éste le cuenta la historia de una viuda rica que tenía como amante al estudiante más torpe; un maestro le preguntó por qué no había elegido a un catedrático, ella replicó que, para lo que ella necesitaba, su estudiante perezoso sabía tanta filosofía y aún más que el mismísimo Aristóteles. Del mismo modo, argumenta don Quijote, para tener una dama por la cual luchar como los caballeros andantes, le sirve y sobra la campesina Aldonza Lorenzo, su Dulcinea. Por otra parte, don Quijote sorprende a todos porque, aunque loco para los temas que conciernen a la caballería, es extraordinariamente juicioso, justo y moderado en todo lo demás. Sancho Panza, aunque es analfabeto e ignorante, muestra una gran sensatez y sentido común.

Los personajes de la obra son complejos y evolucionan a lo largo de la narración. Don Quijote encarna el idealismo, el deseo de justicia y la voluntad de no rendirse jamás ante la adversidad. Sancho Panza representa el deseo de vivir tranquilo, la mentalidad práctica y la fidelidad a su señor (en conflicto con su interés por el dinero). Ambos se contagian entre sí y van aprendiendo del otro. De ahí la enorme importancia del diálogo, que sirve para que cada personaje muestre sus formas de hablar, de sentir, de vivir, de pensar y de concebir el mundo.

Cervantes quiso con esta obra parodiar e incluso ridiculizar los libros de caballería, que conocía a la perfección. Sin embargo, no puede ocultar su admiración por los valores caballerescos de los que se burla. Y, parodiando, llegó a profundizar como pocos en uno de los temas más importantes de la literatura: el conflicto entre la realidad y el deseo.

BARROCO

Durante el siglo XVII reinaron Felipe III, Felipe IV y Carlos II. A diferencia de sus antecesores, se dedicaron a disfrutar de los placeres de la vida y dejaron las tareas de gobierno en manos de sus validos u hombres de confianza. Se produjeron las primeras derrotas militares que redujeron la extensión del imperio español. Para el final del siglo, España había perdido su hegemonía mundial. Dentro de la península, el alzamiento de Cataluña fracasó, pero Portugal consiguió la independencia.

Como en el siglo anterior, el oro que llegaba en abundancia de América no sirvió para que España desarrollara una industria moderna, ni para que sus habitantes vivieran mejor. Se seguía gastando en guerras de religión y en los lujos desmesurados de reyes, nobles y altos eclesiásticos. Mientras tanto, el pueblo pasaba hambre y necesidad, muchos hombres eran llevados a la guerra contra su voluntad, la burguesía seguía sin desarrollarse plenamente y la diferencia entre ricos y pobres crecía sin cesar. Como España exportaba materias primas y compraba bienes manufacturados, se produjo un balance económico negativo. Aumentó el número de personas al servicio de la iglesia que, por tanto, no producían beneficio económico alguno. La crisis económica, las enfermedades, las continuas guerras, la emigración, la expulsión de los moriscos, la miseria y las malas condiciones de vida hicieron que la población peninsular disminuyera. Por influencia de la Inquisición, temerosa de la Reforma protestante, España se cerró a Europa. Se detuvo la investigación científica y la censura atemorizaba a quienes deseaban pensar por sí mismos.

El Barroco es un periodo de intenso pesimismo. El ser humano duda de todo y pierde la fe en sí mismo. Los ideales humanistas se desgastan y son sustituidos por una visión angustiada del mundo. Como en la época medieval, las personas se refugian en la religión. Se vuelve a insistir en que las riquezas materiales no sirven de nada, en la proximidad de la muerte, en la inutilidad de la vida y en la presencia del engaño en todos los ámbitos: nos engañan nuestros propios sentidos, las demás personas y el mundo.

El arte barroco integra el estilo renacentista, aunque dándole una mayor complejidad. El Barroco busca el adorno y la dificultad hasta el exceso, por lo que produce obras muy difíciles de comprender. Frente a la naturalidad renacentista, gusta lo artificioso, lo exagerado, lo sorprendente, lo brillante, lo único. Al escritor barroco le agradan los contrastes bruscos y la mezcla entre los elementos más diversos: se ocupa de lo feo y de lo hermoso, de lo culto y de lo vulgar, de lo místico y de lo indecente, de lo trágico y de lo cómico.

En la literatura barroca se desarrollan dos estilos que son variantes de un mismo afán por lo exagerado: el conceptismo y el culteranismo. Ambos rompen con el equilibrio entre el fondo y la forma que había buscado el Renacimiento y son deliberadamente complicados. El CULTERANISMO aspira a desarrollar mucho la forma y muy poco el fondo. Eso significa que se escriben obras largas en las que no cuentan apenas nada y que están cargadas de recursos expresivos: alteran el orden normal de la oración, buscan metáforas muy atrevidas, emplean abundantes latinismos, etc. Los escritores culteranos recurren continuamente a la mitología clásica. El mejor representante del culteranismo es Luis de Góngora. Por otro lado, el CONCEPTISMO desea expresar un contenido muy profundo con el menor número de palabras. **Baltasar Gracián** resume este deseo en su lema: "Lo bueno, si breve, dos veces bueno". Para ello concentran el significado y escriben obras muy densas e ingeniosas, llenas de hipérboles y de juegos de palabras. El principal poeta conceptista es Francisco de Quevedo. Conceptistas y culteranistas se insultaban mutuamente en sus versos.

POESÍA

LUIS DE GÓNGORA

Luis de Góngora y Argote (1561-1627) escribió una poesía popular y fácil de leer (compuesta por letrillas y romances) y otra culterana (compuesta por sonetos y largos poemas). Continuó con la tradición renacentista de presentar un mundo hermoso e idealizado, aunque con una poesía muy sobrecargada de adornos. Como la realidad de su siglo le parecía asfixiante, en sus poemas creó paraísos artificiales en los que los sentidos son halagados con colores, olores, sabores, texturas y sonidos de gran musicalidad.

Además de las *Soledades*, las obras más conocidas de Góngora son sus dos fábulas. En la *Fábula de Polifemo y Galatea* cuenta, en octavas reales, una famosa historia mitológica. El cíclope Polifemo, un gigante que tiene un sólo ojo en mitad de la frente, se enamora de la bella ninfa Galatea, pero ella no lo corresponde porque está enamorada del pastor Acis. Polifemo, celoso, aplasta a Acis con un peñasco. La ninfa pide ayuda a los dioses y éstos transforman a Acis en un arroyo. En la época, el argumento era de sobra conocido: Góngora no pretendía reinventarlo, sino presentarlo del modo más hermoso posible. La *Fábula de Píramo y Tisbe* es un poema que relata otra conocida historia mitológica, pero lo hace en tono burlesco, mezclando la lengua más elevada con el vocabulario más soez y degradante.

FRANCISCO DE QUEVEDO

Francisco de Quevedo y Villegas (1580-1645) nació en una familia acomodada y estuvo vinculado a la política. Su carácter agrio, peleón y provocador lo convirtió en un auténtico icono de su tiempo. En él hallamos el pesimismo barroco llevado a su máxima expresión. Quevedo también es el poeta en el que mejor se refleja el marcadísimo contraste entre la risa y la lágrima, entre la angustia y la burla, entre la profundidad y la grosería.

Resulta curioso que un poeta que dedicó una parte importante de sus versos a criticar a la mujer y a presentarla como el peor castigo del hombre en la tierra se convirtiera también en uno de los principales escritores de poemas amorosos. En realidad, la explicación parece simple. Para él, el amor es el sentimiento más elevado que puede ocupar un corazón, pero las mujeres lo traicionan y lo usan para esclavizar, humillar o engañar a los hombres. Por eso, cuando escribe sobre mujeres, su tono es agresivo, sarcástico y burlesco, y cuando escribe sobre el amor en abstracto, alcanza las cimas más altas de la lírica española.

En sus poemas morales encontramos reflexiones sobre la vida en las que se mezclan su cristianismo con su admiración por el estoicismo. Según Quevedo, el mundo pretende seducir al hombre con sus engaños para destruirlo. Para el poeta, es sabio quien no se deja vencer por las dificultades, pero tampoco se alegra en exceso de sus victorias, porque fracasos y triunfos no dependen del mérito, sino de la fortuna, que es caprichosa. Sus temas principales son la brevedad de la vida, la proximidad de la muerte, la inutilidad de nuestros esfuerzos y la falta de sentido de la existencia humana.

Su poesía satírica y burlesca fue la que lo convirtió en un símbolo del poeta ingenioso y grosero a la vez. Hay que reconocer que nadie, nunca, ha insultado en castellano como Quevedo. Quevedo lanzaba graves afrentas, sarcasmos, sátiras y burlas contra sus enemigos, especialmente Góngora. Ellos intentaban responderle en el mismo tono, pero ninguno alcanzó su nivel. No hay elemento de la sociedad de su época que se libre de su crítica. El de Quevedo es casi siempre un humor atormentado, amargo, desengañado: una risa tras la que se oculta un dolor profundo.

LOPE DE VEGA

A pesar de haber alcanzado la fama sobre todo a través de su teatro, Lope de Vega (1562-1635) fue también poeta. Su poesía no cayó en los excesos culteranos o conceptistas, y se limitó a introducir nuevas ideas y formas en la tradición de Garcilaso. Lope era un hombre apasionado que pasó toda su vida de amor en amor. Ya anciano se convirtió en sacerdote, arrebatado por su religiosidad, aunque no por ello cesaron sus aventuras amorosas. Su poesía refleja su apasionada biografía de forma muy directa: en ella aborda sus aventuras sentimentales, analiza sus emociones y nos muestra su corazón abierto de par en par. Combina con maestría los temas profanos, sobre todo amorosos, con los religiosos. Sus obras más conocidas son las *Rimas* y las *Rimas sacras*.

PROSA

A lo largo del Barroco dejaron de escribirse novelas de caballería, pero siguieron escribiéndose novelas pastoriles y moriscas. La picaresca y la novela italianizante (también llamada novela corta) alcanzaron su máximo desarrollo. En el Renacimiento distinguíamos entre prosa de ficción y de no ficción, pero en el Barroco, tan amigo de mezclar, resulta muy difícil diferenciar entre una y otra, pues muchas obras de ficción están llenas de reflexiones y muchas obras de no ficción emplean historias para mostrar sus puntos de vista.

Baltasar Gracián escribió *El Criticón*, una novela alegórica y filosófica. **Francisco de Quevedo** fue también un gran prosista. Su obra *Sueños* es un texto difícil de clasificar que denuncia la hipocresía, los vicios de la sociedad, la corrupción de las costumbres y la maldad de quienes se dedican a ciertas profesiones (como, por ejemplo, los boticarios y los médicos).

MARÍA DE ZAYAS

María de Zayas (1590-¿1661?) es autora de dos colecciones de novelas italianizantes de carácter ejemplar: *Novelas ejemplares y amorosas* y *Desengaños amorosos*. Según Zayas, todas las historias que narra están basadas en hechos reales. La autora pretendía criticar la sociedad patriarcal y misógina de su tiempo, defendiendo a las mujeres de las acusaciones con las que continuamente se las condenaba y reprochando a los hombres que volcaran sobre ellas la responsabilidad de sus propias faltas. Las protagonistas se dejan llevar a menudo por sus deseos y muestran una sensualidad y un ansia de libertad muy reñidas con la idea de cómo debía comportarse una mujer en el XVII. Estas mujeres aparecen como víctimas de la maldad de los hombres, que no dudan en emplear contra ellas toda su violencia. Zayas no escatima en escenas duras y crueles: violaciones, desmembraciones, emparedamientos y truculencias. Por ejemplo, en una de las novelas un marido obliga a su mujer a beber de la calavera de su supuesto amante. Destaca en la producción de Zayas la profundidad psicológica de personajes masculinos y femeninos.

ORÍGENES DEL TEATRO

En el siglo XII encontramos la pieza teatral más antigua en lengua castellana: el *Auto de los Reyes Magos*. Se conserva sólo un fragmento que cuenta la preparación de los Reyes Magos para la adoración de Jesús y su entrevista con el rey Herodes.

El siguiente hito importante en la historia del teatro es **Juan del Encina**, autor de finales del XV y principios del XVI. Empezó escribiendo *Églogas* sobre la Navidad, la Pasión o la Resurrección, pero más tarde, influido por los italianos, se alejó de los temas pastoriles y religiosos y desarrolló un teatro profano mucho más complejo. Por la misma época, **Lucas Fernández** también abordó temas religiosos y pastoriles, aunque sus personajes nada tienen que ver con los pastores idealizados de la poesía renacentista, porque son rústicos y cómicos. **Torres Naharro**, autor de la *Propalladia*, destacó por su capacidad para captar la vida cotidiana. **Gil Vicente** escribió obras religiosas, farsas costumbristas y comedias caballerescas como *Amadís*, versión para el teatro de la famosa novela de caballería de Rodríguez de Montalvo.

El siguiente gran paso lo dio **Lope de Rueda**, a mediados del XVI. Lope fundó una compañía teatral con la que recorrió España representando comedias propias, de fuerte influencia italiana. Entre los actos, para que el público no se aburriera, representaba sus *pasos*, unas obras cortas y humorísticas con personajes populares, que son el antecedente de los *entremeses*.

ESPECTÁCULO TEATRAL

Durante la Edad Media y el Renacimiento no existió un espacio exclusivo para el teatro. Las representaciones se realizaban en lugares que no habían sido concebidos para tal fin: las plazas, las iglesias o los palacios. En las plazas, cada asistente al espectáculo pagaba lo que creía oportuno y en las iglesias no se pagaba. A partir del siglo XVI, el teatro pasó a representarse en un espacio propio: el corral de comedias. Se llamaba *corral* al gran patio de vecinos situado en el centro de un edificio de planta cuadrada o rectangular. Las compañías de actores comenzaron a alquilar este espacio para las representaciones. En los corrales de comedia se cobraba entrada; así comenzó el teatro como una actividad empresarial que pronto resultó rentable y permitió la profesionalización de quienes se dedicaban a él.

Al corral de comedia acudían miembros de todas las clases sociales. Los precios eran asequibles. Cada persona pagaba según el estamento al que pertenecía y ocupaba el espacio que correspondía a su posición. Los nobles alquilaban las habitaciones o *aposentos* que daban al patio y veían desde allí el espectáculo, atendidos por sus criados. Las mujeres de la clase media o baja presenciaban la representación sentadas en un espacio llamado *cazuela*. Los hombres que podían permitírselo se sentaban en gradas que bordeaban el patio o en bancos situados al frente y a los dos lados del escenario; el resto permanecía de pie en el patio. En uno de los desvanes de las casas, llamado *tertulia*, se juntaban los religiosos. En algunos corrales existía también un espacio para los profesionales del teatro.

El ambiente de la representación durante el siglo XVII se parece menos al del teatro moderno que al de nuestros eventos deportivos. El público aplaudía, gritaba, piropeaba a las actrices, insultaba e incluso arrojaba objetos. Además, se hablaba continuamente y los hombres aprovechaban para tratar de establecer contacto con las mujeres. Las peleas en el patio eran frecuentes y, por ello, dentro del corral había alguaciles. Existían además grupos organizados que se dedicaban a aplaudir las obras que les divertían o a impedir el silencio durante la representación por cualquier motivo: que la obra no les gustara, que una actriz no se hubiera mostrado complaciente con su líder, que la compañía no fuera de su agrado, etc. En algunos corrales existía una alojería: una especie de bar donde se vendía aloja (agua con miel) y todo tipo de alimentos. En otros corrales, el alojero pasaba entre el público. La representación se realizaba al aire libre, aunque con el tiempo se colocaron toldos para proteger de la lluvia o del sol excesivo. El espectáculo debía terminar antes del anochecer por razones morales (las mujeres no debían andar por la calle de noche) y de seguridad (la iluminación con velas podía causar un incendio).

Las obras se dividían en tres jornadas o actos y era muy importante que, durante las aproximadamente tres horas que duraba el espectáculo, el público estuviera entretenido en todo momento para que no se produjeran alborotos. La representación era una sucesión ininterrumpida de espectáculos distintos. Antes de la primera jornada, un actor recitaba una *loa* en la que alababa la obra que iba a representarse o a los actores y pedía perdón por los posibles defectos. Entre los actos, se representaban pequeñas obras teatrales cómicas, como el *entremés* o la *mojiganga*, o se realizaban distintos tipos de *baile*, como la jácara o la zarabanda. Tras la tercera jornada, la compañía se despedía con un baile final.

La moralidad del teatro era muy cuestionada por la iglesia, que criticaba, por ejemplo, la escasa honestidad de los actores y de las actrices, que las actrices enseñaran los tobillos o que se dijeran expresiones indecorosas. En general, los actores eran adorados por el público y despreciados por los moralistas, hasta el extremo de que estaba prohibido que fueran enterrados en tierra consagrada, puesto que la iglesia consideraba su estilo de vida intolerable. Debido a la gran influencia que el teatro ejercía sobre la sociedad, se estableció un sistema de censura encargado de revisar el texto de las obras que iban a representarse, para asegurarse de que no incluyera comentarios inapropiados o inmorales. En el corral había un encargado de comprobar que el texto representado fuera igual al aprobado. En caso contrario, se podía interrumpir o cancelar la representación.

LOPE DE VEGA Y LA COMEDIA NUEVA

Durante siglos se había exigido que los autores respetaran las normas teatrales establecidas en la *Poética* de Aristóteles. En primer lugar, debía distinguirse comedia de tragedia sin mezclarlas nunca. En la tragedia, el protagonista se enfrentaba a un destino que lo aplastaba, se empleaba un vocabulario culto, se trataban asuntos serios (como el deber o la justicia), aparecían personajes importantes (como dioses, héroes o reyes) y el final era fatal. La comedia tenía las características contrarias. En segundo lugar, debían respetarse las tres unidades. La unidad de tiempo exigía que la acción de la obra no durara más de 24 horas; la de espacio, que apareciera el menor número posible de escenarios, y siempre dentro de la distancia que pudiera recorrerse en el tiempo de la obra; la de acción, que sólo se contara una historia, y no varias enlazadas entre sí. En tercer lugar, las obras debían dividirse en cinco actos.

La comedia nueva de Lope de Vega dinamitó todas estas normas y creó la *comedia nueva* con el fin principal de agradar a los espectadores de su época. En las obras de Lope transcurren a veces meses o años, se presenta una gran variedad de espacios y se desarrollan tramas paralelas. Muy a menudo el galán y la dama protagonizan la historia principal y los criados una secundaria, cuyos hilos se cruzan. Las obras, a las que llama *comedias* siempre, independientemente de su contenido, mezclan elementos trágicos y cómicos. La comedia nueva se divide en tres actos, que se corresponden con el planteamiento, el nudo y el desenlace. Cada personaje habla según la clase social a la que pertenece. Los nobles emplean un vocabulario elevado y los criados un léxico popular. A esta característica se le llama *decoro*. La comedia nueva se escribe en verso y, para no cansar, se va cambiando la estrofa, adecuándola a lo que está sucediendo en escena. Además, se incluyen canciones y bailes dentro de la misma obra para amenizar más el espectáculo.

Los personajes de la comedia responden a unos tipos establecidos: galán, dama, gracioso, criada, poderoso (normalmente rey) y barba (anciano que es normalmente el padre de una dama). Uno de los grandes logros de Lope fue crear el personaje del gracioso, que es criado del galán. El galán encarna el valor, el honor, la generosidad y el enamoramiento apasionado. El criado es cobarde, tacaño y se preocupa poco del honor, pero su habilidad ayuda al galán a conseguir sus objetivos. El gracioso asume una función muy importante: cuando el ambiente de la representación se ha hecho muy tenso, él rebaja la angustia del espectador con sus bromas y sus equivocaciones.

Fuenteovejuna es posiblemente la obra más famosa de Lope. Trata de un pueblo, Fuenteovejuna, gobernado por un comendador de Calatrava que se ha levantado contra los Reyes Católicos. El comendador viola a las mujeres del pueblo sin que los lugareños se atrevan a hacer nada. En una ocasión intenta abusar de Laurencia, pero es interrumpido y amenazado por Frondoso, quien tiene que huir del pueblo para evitar la venganza. Cuando el comendador se dirige a Ciudad Real para luchar contra los reyes, Frondoso y Laurencia se casan aprovechando su ausencia. El comendador, tras haber perdido la batalla, vuelve a Fuenteovejuna y sorprende al pueblo entero en mitad de la boda. Manda apresar a Frondoso y a Laurencia y se los lleva a su castillo, donde abusa de ella. Laurencia regresa al pueblo y el relato de su deshonra provoca el levantamiento de los habitantes. Toman el castillo, liberan a Frondoso y dan muerte al comendador. Un criado va a pedir ayuda a los Reyes Católicos, quienes mandan a un juez para averiguar lo ocurrido. El juez tortura a la población, niños, mujeres y ancianos incluidos. A la pregunta de "¿Quién mató al comendador?", todos contestan "Fuenteovejuna", sin precisar ningún nombre. Los reyes, tras oír las explicaciones del juez, que no ha podido averiguar quiénes fueron los cabecillas, perdonan al pueblo.

Fuenteovejuna trata los dos temas principales del teatro de Lope: el amor y la honra. La honra era la consideración social que una persona merecía. Un hombre ofendido podía recuperar su honra obteniendo una disculpa o matando a su ofensor. Si una mujer recibía una afrenta, menor (un insulto) o mayor (una violación), también quedaba deshonrado el hombre que era responsable de ella: el padre, si era soltera, o el marido, si era casada. En caso de que la mujer fuera soltera, quedaban dos remedios: hacer que quien la había deshonrado se casara con ella o matarlo. Si no se casaba tras la ofensa, la mujer debía ingresar en un convento. En *Fuenteovejuna* se presentan dos conceptos de honra en abierto conflicto. El comendador considera que la honra la concede la nobleza, y que puede violar a una campesina sin consecuencias, ya que, para él, ella no tiene honra. De hecho, opina que, al violar a las campesinas, las ennoblece. Los campesinos, por lo contrario, creen que la honra la concede el hecho de ser cristiano viejo y que, por lo tanto, tienen tanta honra como el comendador. Al final, el concepto de la honra del pueblo vence.

CALDERÓN DE LA BARCA

Pedro Calderón de la Barca (1600-1680) es el más importante discípulo de Lope de Vega. Se dedicó por entero al teatro y sus obras se representaron en corrales de comedias y en el palacio real. Destacó por sus autos sacramentales, que son un tipo de pieza teatral religiosa que se representaba en las calles el día del Corpus Christi y cuyos personajes son alegóricos (la Justicia, el Pecado, Dios, el Hombre, la Iglesia...). El auto sacramental más conocido es *El gran teatro del mundo*.

La crítica suele considerar que con Calderón la comedia nueva alcanzó su máxima calidad. Sus comedias más importantes son *La vida es sueño, El alcalde de Zalamea* y *El médico de su honra*. En *La vida es sueño* se cuenta la historia del príncipe Segismundo. Antes de nacer, su padre, Basilio, rey de Polonia, leyó en las estrellas que Segismundo sería un tirano. Cuando la reina muere dando a luz a Segismundo, el rey lo interpreta como el primer acto tiránico de su hijo. Convencido de que el augurio es cierto, lo encierra en una torre y guarda en secreto su existencia. Un día decide que debe darle una oportunidad y lo manda llevar a la corte para comprobar si es el monstruo que predicen las estrellas o si puede ser el heredero del reino. Segismundo ha sido educado como una bestia y se comporta como tal, de modo que el rey decide drogarlo, llevarlo de vuelta a la torre y hacerle creer que todo ha sido un sueño. Segismundo aprende así que el hombre no puede diferenciar entre la realidad y la fantasía, entre la vida y el sueño. Unos soldados, que no quieren que el duque de Moscovia herede el reino, liberan a Segismundo de su prisión. Esta vez, Segismundo se levanta contra su padre y lo vence, pero se muestra magnánimo con sus enemigos. El rey Basilio, comprende que, digan lo que digan las estrellas, el hombre puede vencer su inclinación y comportarse bien si así lo desea. La obra incluye una trama secundaria que narra el esfuerzo de Rosaura por recuperar su honor, que le ha quitado el duque de Moscovia, y cómo lo consigue ayudada por Segismundo.

La vida es sueño es una profunda reflexión acerca del sentido de la existencia y un perfecto ejemplo del pesimismo barroco. La obra demuestra que el hombre no puede elegir lo que le sucede, porque esto depende del azar, pero sin embargo sí es libre para escoger si actúa bien o mal ante los acontecimientos. A la vez, se plantea preguntas que atormentaban al hombre barroco, como por ejemplo, si es legítimo rebelarse contra un rey tiránico o si se puede distinguir entre la verdad y la mentira, o entre la vida y el sueño.

TIRSO DE MOLINA

Fray Gabriel Téllez (1579-1648), conocido como Tirso de Molina, debe su prestigio como dramaturgo a *El burlador de Sevilla y convidado de piedra*, obra que crea el mito universal de don Juan Tenorio. Normalmente se identifica a don Juan con un seductor; en realidad es un personaje diabólico que pretende causar daño a los demás, arrebatándoles lo más valioso que poseen: la vida a los hombres y la honra a las mujeres. A lo largo de la obra, Don Juan deshonra a dos mujeres nobles y a dos humildes, y abandona a todas sin el menor remordimiento. Varios personajes le recriminan sus malas acciones y le recuerdan que acabará condenado al infierno, pero él siempre responde con cinismo: "¡Que largo me lo fiáis!" Don Juan es un libertino que dedica toda su vida a entregarse a sus caprichos, pecando y causando dolor, y que cree que siempre le quedará tiempo para arrepentirse y convertirse en un hombre de bien. Cuando don Juan intenta seducir a doña Ana de Ulloa, su padre, el comendador, aparece para defenderla y don Juan lo mata. Tiempo después, don Juan encuentra la tumba del comendador, se ríe de su estatua y la invita a cenar. La estatua acude a la cita y le devuelve la invitación. Don Juan va al panteón, donde estrecha la mano de la estatua viva del comendador, que le arrastra a los infiernos. Don Juan suplica confesión, pero muere sin ella, de modo que queda condenado eternamente. La obra tiene una clara intención moral que resumen las palabras finales del comendador: "Ésta es justicia de Dios:/ quien tal hace, que tal pague".

OTROS DRAMATURGOS

Juan Ruiz de Alarcón escribió obras en las que se manifiesta un profundo conocimiento de la psicología humana y ofrece una lección moral para la vida basada en el sentido común, en la prudencia y en la sabiduría. Sus personajes suelen obrar por motivos razonables, sensatos y moderados. En *La verdad sospechosa* censura el peligroso vicio de mentir. Su protagonista, don García, es un fanfarrón vanidoso que no quiere quedar nunca por debajo de nadie. Su afición por la mentira hace que pierda a la mujer que ama.

Francisco Rojas Zorrilla escribe *Del rey abajo, ninguno*, una reflexión sobre el honor, el deber y la nobleza. **Agustín Moreto** en *El lindo don Diego* escribe una de las mejores comedias de figurón. Se llaman así las obras que se centran en presentar la caricatura de un personaje ridículo. En este caso, se trata de un *lindo*, es decir, de un hombre obsesionado con las modas y su aspecto físico.

I L U S T R A C I Ó N

El siglo XVIII comenzó con una guerra de sucesión entre los pretendientes al trono español, tras haber muerto Carlos II sin heredero. Finalmente ganaron la guerra los Borbones, una casa francesa, y reinó Felipe V. Le sucedieron Fernando VI, Carlos III y Carlos IV. A lo largo de estos reinados las condiciones de vida mejoraron en España.

El movimiento cultural que se impuso en este siglo fue la Ilustración. La Ilustración consideraba que el hombre podía progresar, cambiar el mundo y ser feliz empleando la razón. El XVIII se conoce como el *Siglo de las Luces*, porque aspiraba a iluminar las tinieblas de la superstición con la luz del razonamiento. El hombre ilustrado no aceptaba que algo fuera verdad sólo porque lo afirmara una autoridad, sino que buscaba comprobar la verdad de modo empírico. Se cuestionaron, por tanto, todos los valores antiguos, incluso los religiosos.

Los ilustrados comprendían la importancia de desarrollar el conocimiento y de educar al pueblo, y en ello volcaron todo su esfuerzo. Durante este tiempo se fundó la Biblioteca Nacional, la Real Academia Española (de la lengua), el Museo del Prado y la Real Academia de la Historia. También se formaron sociedades, ateneos e institutos para propagar la cultura. Sin embargo, los ilustrados eran conscientes de que el pueblo tardaría mucho en alcanzar una correcta educación, por eso propusieron una política paternalista: el despotismo ilustrado. El lema de este modelo de gobierno era: "Todo para el pueblo, pero sin el pueblo". El gobernante debía tomar todas las decisiones buscando el bien del pueblo, pero sin consultarlo, porque carecía de la madurez para pensar por sí mismo. Para que el pueblo pudiera hacerse progresivamente con las riendas de su propio destino, el gobernante debía ocuparse de educarlo. De ahí el interés pedagógico de los ilustrados.

En el arte se luchó contra la concepción barroca y se propuso el Neoclasicismo, una vuelta a la estética clásica. Los ilustrados entendían que la excelencia en el arte se alcanzaba ciñéndose a las normas que forjaron los grandes artistas del pasado. La literatura de este siglo no alcanzó la importancia que tuvo en los dos anteriores, porque los escritores prefirieron reflexionar a inventar, enseñar a crear y razonar a sentir. Además, eligieron una literatura que se sostiene en el respeto rígido a unas normas que limitan la creatividad.

Ni las ideas ni el arte ilustrado tuvieron una buena acogida entre la mayor parte del público. Sólo el monarca y la clase media apoyaron la Ilustración. La nobleza la vio como un peligro para sus intereses, la iglesia como una amenaza para el dogma y el pueblo como la imposición de unas ideas extranjeras.

PROSA

Fray Benito Jerónimo Feijoo (1676-1764), en su *Teatro crítico universal* y en sus *Cartas eruditas*, combate las supersticiones y las ideas comunes que no se apoyan en el razonamiento ni en pruebas científicas. Resulta novedoso, después de tantos siglos de misoginia, su defensa de las mujeres.

José Cadalso (1741-1782) compuso las *Cartas marruecas*, una novela epistolar en la que tres personajes intercambian cartas. Gazel es un joven marroquí culto e inteligente, pero ingenuo, que llega a España y se sorprende de la sinrazón de las costumbres del país. Le escribe sus impresiones a su maestro Ben Beley. Gazel también se cartea con Nuño, un amigo español que intenta explicarle el porqué de los absurdos que contempla. La visión de un extranjero juicioso permite destapar todas las costumbres ajenas a la razón que predominan en la sociedad española. Otra obra importante de Cadalso es *Noches lúgubres,* que cuenta cómo Tediato trata de convencer a un sepulturero para que le ayude a desenterrar el cadáver de su amada, llevárselo a su casa y morir junto a él. La obra anticipa el Romanticismo puesto que en ella el sentimiento se impone a la razón.

Gaspar Melchor de Jovellanos (1744-1811) en su *Memoria para el arreglo de la policía de espectáculos* defiende que los poderes públicos deben emplear el teatro con el fin de educar a la población. Propone que se suba el precio de las entradas para que los plebeyos no puedan asistir a las representaciones, porque, en su opinión, hay que reformar el teatro antes de dejar que las clases más humildes lo disfruten. En su *Informe sobre el expediente de la ley agraria* propone una reforma de la propiedad de las tierras que sirva para que los campesinos vivan mejor y España produzca más riqueza. Denuncia que se proteja el comercio o la industria por encima de la agricultura y que se mantenga en la incultura a los labradores. También propone una reforma en las técnicas de explotación agraria y los medios de comunicación. Jovellanos siente una especial indignación ante las tierras que no se cultivan porque la iglesia o los nobles que las poseen no permiten que los campesinos las trabajen.

POESÍA

La poesía de este siglo es prosaica y poco original. Se escriben odas y composiciones que se ciñen a la preceptiva clásica. Algunos poetas, como **Leandro Fernández de Moratín**, defienden los valores ilustrados y critican el atraso de España. Por otro lado, la poesía anacreóntica, desarrolla temas frívolos. Esta poesía toma su nombre del poeta griego Anacreonte y canta fundamentalmente los placeres de la vida, del amor y del vino. Uno de los poetas más destacados, en todos los ámbitos, es **Juan Meléndez Valdés**.

TEATRO

El teatro ilustrado respeta la regla de las tres unidades y separa la tragedia de la comedia. Además, propone obras que reflejen la realidad cotidiana de manera creíble. Opinan los ilustrados que las obras deben servir para educar al público y para criticar los vicios. **Leandro Fernández de Moratín** (1760-1828) desarrolló un teatro ilustrado que evita los argumentos complicados y emplea pocos personajes. En sus tramas, al final siempre se impone la razón. Moratín critica a quienes fingen religiosidad o nobleza y propone los valores ilustrados del hombre de bien para alcanzar la felicidad. Su obra más famosa es *El sí de las niñas*, que defiende una educación para mujeres y hombres basada en la sinceridad, y los matrimonios basados en criterios razonables. Para Moratín no es un problema que los padres elijan el marido de su hija, sino que lo hagan basándose en la codicia y empleando la mentira para alcanzar sus fines. En *La comedia nueva o el café*, critica los disparates del teatro popular de su tiempo.

Este teatro ilustrado nunca llegó a gustar al gran público, que prefería ver obras de magia, de santos o de estética barroca, como *No hay plazo que no se cumpla, ni deuda que no se pague* de **Antonio Zamora** (sobre el mito de don Juan Tenorio). También tuvieron mucho éxito los sainetes, unas piezas cortas y humorísticas que reflejaban las costumbres y los tipos populares. **Ramón de la Cruz** se opuso a los valores de los ilustrados y en su sainete *El Manolo* parodió las tragedias que éstos escribían.

R O M A N T I C I S M O

España abre el siglo XIX con una guerra contra el imperio más poderoso del momento, Francia. Las tropas francesas invaden la península en 1808 y Napoleón retiene prisionero en Francia al rey, Carlos IV, y a su heredero, Fernando VII. Durante la guerra, y en ausencia del rey, se elabora la primera constitución española, una constitución que reconoce amplios derechos a los ciudadanos. Cuando los españoles, con ayuda inglesa, expulsan al invasor, regresa Fernando VII, quien deroga la constitución e implanta un rígido absolutismo. En estos años se está desarrollando en Europa un movimiento cultural nuevo, el Romanticismo, asociado a la libertad y la individualidad. En España, los intelectuales liberales son perseguidos y se ven forzados a exiliarse. Hasta la muerte de Fernando VII, no pueden regresar: es entonces cuando se desarrolla el Romanticismo español.

Durante este periodo se produce un auge de la reivindicación de la cultura propia de los pueblos y de los nacionalismos: unos integradores, como sucede en Alemania e Italia; otros disgregadores, como los que comenzarán a surgir dentro de España.

Es importante señalar que los términos *romántico* o *romanticismo* han pasado al vocabulario común con un significado muy distinto al que le damos en literatura. El hablante no especializado usa estas palabras para designar, por ejemplo, escenas de amor dulce y sosegado. Nada más lejos del Romanticismo del siglo XIX, en el que dominan la violencia, la exageración, los amores atormentados y los paisajes siniestros.

El Romanticismo nace en Alemania y se extiende pronto por Inglaterra y Francia. Se trata de un movimiento cultural, pero también de una actitud ante la existencia y de un modo nuevo de entender el mundo. Tan nuevo que la historia de la literatura podría dividirse en dos: hasta el Romanticismo los escritores son clasicistas, es decir, intentan imitar los modelos de otros creadores consagrados por la tradición; a partir del Romanticismo, la imitación queda desplazada por la búsqueda de la originalidad.

Los románticos anhelan la libertad en todos los ámbitos. Se rebelan contra los valores burgueses e idealizan a los personajes marginados que viven según sus propias reglas: piratas, mendigos, delincuentes. En lo político, aunque hay variadas tendencias, suelen apoyar el modelo liberal, que recorta las atribuciones del estado y refuerza la libertad del individuo. En lo artístico, se niegan a respetar ninguna norma y siguen los dictados de su corazón. Para ellos el arte no nace del trabajo ni del esfuerzo, sino del talento único del artista, de la inspiración y de la genialidad. El Romanticismo desprecia la razón. Sus creadores exaltan la pasión, los sentimientos, la irracionalidad, la fantasía, el yo y la subjetividad. Al escritor romántico le gusta lo exagerado, las historias de amor imposible, la complejidad en las tramas, los versos muy sonoros, el vocabulario muy recargado y el exceso de adorno en la expresión.

La postura inicial del romántico ante el mundo es de emocionada idealización. Cree que en él encontrará el verdadero amor, la gloria, la grandeza. Sin embargo, luego se topa con sus propias limitaciones, con la traición y con la mezquindad, y surge el desengaño. Entonces el romántico siente que la vida es algo absurdo y doloroso. Surge así el llamado *spleen*, hastío o *fastidium*, que es un sentimiento de angustia ante la existencia que lleva a muchos románticos a la desesperación y a algunos incluso al suicidio.

Los románticos desprecian el mundo en el que viven y se evaden en el espacio y en el tiempo. Lo hacen especialmente hacia una Edad Media idealizada, en la que proyectan todos sus deseos de aventura, heroísmo y amor desbordado. Conectan sus sentimientos con la naturaleza y el paisaje, por lo que en sus obras aparecen cementerios, iglesias en ruinas, muertos que salen de sus tumbas, naufragios y tempestades.

TEATRO

Frente al teatro ilustrado, que aspiraba a educar y a mostrar modelos de conducta, el romántico busca ante todo despertar en el espectador emociones fuertes que lo conmuevan y lo impresionen. Las obras románticas no respetan los principios aristotélicos: ni las unidades, ni la separación de comedia y tragedia, ni la obligación de credibilidad. El tema más abordado es el de un amor impetuoso que choca con las convenciones sociales y termina con la destrucción de los protagonistas. El héroe romántico es un personaje marcado por un destino trágico contra el que se rebela. La heroína suele presentarse como un *ángel de amor* pasivo que espera ser salvada por su amado. También aparece el estereotipo de la mujer fatal, que arrastra al protagonista a la destrucción. Las obras pueden escribirse en verso o en prosa, o mezclarlos. Los argumentos son complicados. El autor nos emplaza en espacios desolados y tétricos que inspiran miedo o tristeza. La escenografía cobra mucha importancia y exige un derroche de medios técnicos: luces, decorados, vestuario, etc. Aparecen en escena tormentas con rayos y truenos, almas que se alzan hasta el cielo o espíritus que abandonan sus tumbas. Los dramas suelen situarse en un pasado idealizado: el autor no se documenta sobre el momento histórico en el que ambienta su obra.

DON ÁLVARO O LA FUERZA DEL SINO

El duque de Rivas, Ángel de Saavedra (1791-1865), escribió *Don Álvaro o la fuerza del sino*. Don Álvaro, que ha vuelto de las Indias muy rico, se enamora de doña Leonor, hija del marqués de Calatrava. El marqués no aprueba la unión por el pasado misterioso del enamorado. Don Álvaro y doña Leonor planean entonces su fuga, pero son descubiertos por el padre de doña Leonor. Cuando don Álvaro le entrega su pistola sumisamente, el arma cae al suelo, se dispara y mata al marqués. Don Álvaro huye, pero es perseguido por uno de los dos hermanos de doña Leonor, al que se ve obligado a matarlo en duelo. Arrepentido, se retira a una cueva para hacer penitencia. Allí lo encuentra don Alfonso, el otro hermano de doña Leonor. Don Alfonso le fuerza a batirse y resulta herido. Doña Leonor, que vive en un convento cercano, se acerca para auxiliar a su hermano, pero, antes de morir, éste la mata, convencido de que doña Leonor y don Álvaro vivían en pecado. La obra termina con el suicidio de don Álvaro, que se arroja al vacío, enloquecido, mientras afirma ser un demonio exterminador.

DON JUAN TENORIO

La obra más célebre del Romanticismo español es *Don Juan Tenorio* de **José Zorrilla** (1817-1893). La acción comienza en la Sevilla del emperador Carlos V. Don Juan y don Luis han apostado quién podría causar más dolor en el plazo de un año. Gana don Juan. Esa misma noche don Juan intentará seducir a doña Inés, hija de don Gonzalo, y a doña Ana de Pantoja, prometida de don Luis. Consigue su objetivo de deshonrar a ambas, pero se enamora de doña Inés y mata a don Luis y a don Gonzalo, por lo que tiene que huir. Cinco años después vuelve a Sevilla. El fantasma de doña Inés se le aparece y le explica que murió tras su marcha. El alma de doña Inés pidió no ir al cielo para poder esperar a don Juan y rogarle que se arrepintiera de sus pecados. Si don Juan lo hace, los dos salvarán sus almas; en caso contrario se condenarán. En el combate que se libra dentro del alma de don Juan entre su maldad y su amor, termina venciendo el amor. Don Juan se arrepiente en el último instante, y él y doña Inés consiguen la salvación eterna. El gran acierto de Zorrilla radica sin duda en la claridad con la que supo delinear el conflicto emocional de don Juan. Don Juan vive, ama, busca su propio placer y trata de imponer su fuerza contra el mundo y contra Dios hasta que el amor lo transforma.

PROSA

Puesto que los románticos pretendían mostrar el carácter propio de su pueblo, de su región o de su nación, en esta época se desarrolló mucho la novela histórica. Otro género que tuvo mucho éxito fue el cuadro costumbrista, que consistía en un breve relato, que, sin crear argumentos, describía la vida cotidiana. El desarrollo de los primeros periódicos fomentó la publicación de una literatura muy del gusto de las clases medias y bajas. Se hizo muy popular en la época el folletín, una novela por entregas cargada de sentimentalismo en la que los personajes se clasificaban en buenos y malos y las desgracias de los protagonistas movían a las lágrimas.

MARIANO JOSÉ DE LARRA

Mariano José de Larra (1809-1837) recibió una formación ilustrada, pero el Romanticismo fue calando poco a poco en su personalidad y en su estilo. Aunque ecribió un drama y una novela histórica, debe su fama a sus artículos periodísticos de costumbres en los que critica los defectos y los vicios de la sociedad española: la pereza, la intolerancia, la hipocresía, el mal gusto, etc. En "Vuelva usted mañana", un francés que desea realizar negocios en España se enfrenta a una burocracia tan absurda e ineficaz que decide renunciar a su propósito. En "El castellano viejo", Larra cuenta cómo se ve obligado a asistir a un banquete en el que el anfitrión y los demás invitados muestran una pésima educación. "El día de difuntos de 1836" es un artículo estremecedor en el que se dirige a los transeúntes que van hacia los cementerios con el propósito de visitar a sus difuntos y les grita que ellos son los verdaderos muertos, que todo Madrid no es más que un gigantesco cementerio por todas las deficiencias que aquejan al país. También escribió artículos políticos y de crítica literaria.

POESÍA

En poesía los románticos se rebelaron contra las normas clásicas y escribieron con toda libertad. La poesía, en su vertiente narrativa o lírica, les sirvió para expresar su mundo interior, su angustia ante los absurdos de la vida y su desengaño del mundo. Uno de los géneros predilectos del Romanticismo es el POEMA NARRATIVO, cultivado por el **duque de Rivas** y **José Zorrilla**. Estas composiciones suelen relatar antiguas historias o leyendas populares.

JOSÉ DE ESPRONCEDA

José de Espronceda (1808-1842) escribió canciones dedicadas a personajes marginales (un pirata, un verdugo, un reo de muerte, un mendigo, un cosaco), en las que se ensalza a quienes se atreven a vivir con su propia moral, desafiando las exigencias de la sociedad. Su poema "Canción del pirata" es un himno a los valores románticos, resumidos en el estribillo: "Que es mi barco mi tesoro, / que es mi dios la libertad; / mi ley, la fuerza y el viento, / mi única patria, la mar." Asimismo, en "A Jarifa en una orgía" expresa el dolor que le provoca el sentirse traicionado por la vida tras descubrir que la virtud, la pureza, la verdad, el cariño, el amor y la gloria no son más que ilusiones falsas que lo deslumbraron en su juventud. Espronceda es también autor de dos importantes obras poéticas narrativas. *El estudiante de Salamanca* cuenta las andanzas de un donjuán llamado don Félix de Montemar. *El diablo mundo* es una obra incompleta de carácter filosófico que cuenta la historia de un anciano que muere y resucita en el cuerpo de un joven hermoso e inocente. Espronceda lamenta la pérdida de la inocencia, la juventud y el amor.

POSTROMANTICISMO

En la segunda mitad del siglo XIX, llega a España la corriente postromántica, que presenta una mayor influencia de la literatura popular y que reclama más sencillez en la forma y más sinceridad en la exposición de los sentimientos. Frente a la exageración romántica, el postromanticismo pretende elaborar una poesía breve, cercana, íntima, emocionada y capaz de conmover a todos los lectores, que nazca del corazón y no del artificio.

ROSALÍA DE CASTRO

Rosalía de Castro (1837-1885) es una de las pioneras en recuperar para la literatura la lengua gallega, que había quedado relegada al uso rural. Escribió fundamentalmente sobre sus sentimientos de melancolía, sobre la nostalgia de su tierra gallega y sobre temas sociales, como la emigración. Su carácter depresivo, siempre dado a la tristeza y a la soledad, se refleja en unos versos hermosos y doloridos. Escribió en gallego *Cantares gallegos* y *Hojas nuevas*, y en español, *En las orillas del Sar*.

GUSTAVO ADOLFO BÉCQUER

Gustavo Adolfo Bécquer (1836-1870) renunció al camino de la grandilocuencia y el retoricismo, y prefirió la senda de la emoción y la sencillez. Sus *Rimas* son unas ochenta composiciones en las que muestra sus ideas sobre la poesía, el amor y el desengaño, así como la angustia y el dolor de una existencia sin sentido. Para Bécquer la creación literaria es un arrebato de emoción que sacude al poeta, y por eso aspira a una poesía "natural, breve y seca, que brota del alma como una chispa eléctrica, que hiere el sentimiento con una palabra y huye".

Bécquer escribió también las *Leyendas*, un conjunto de relatos de carácter fantástico basados en historias populares. En "El miserere", un músico atormentado por sus pecados quiere componer un canto de perdón a Dios. Para inspirarse, se acerca a una abadía abandonada a escuchar la petición de misericordia que una vez al año entonan los espíritus de unos monjes asesinados. En "El beso", un oficial francés ocupa con sus tropas una iglesia toledana. Allí se enamora de la estatua de una mujer. Cuando se dispone a besarla, el cadáver del marido le revienta la cabeza con su guantelete de piedra.

REALISMO Y NATURALISMO

Hacia mediados del XIX, España era aún un país muy atrasado con relación a Europa. El reparto de la tierra era injusto y la industria y el comercio estaban poco desarrollados. La burguesía seguía siendo mucho menos influyente que en el resto de Europa, aunque a partir de entonces se fue haciendo con el poder que hasta entonces había acaparado la nobleza. También en este momento surgieron movimientos proletarios que reclamaban derechos para los más desfavorecidos.

Durante la segunda mitad del XIX surgió el positivismo, que proponía como único modo de entender el mundo la observación rigurosa y la experiencia. Asimismo rechazaba todo lo que no tuviera una utilidad práctica o no contribuyera al progreso. El método científico, basado en la observación, la experimentación y la extracción de conclusiones, se convirtió en el pilar sobre el que debería apoyarse el progreso, que traería la felicidad a las personas. En esta época también se desarrolló el krausismo, que buscaba una religiosidad respetuosa con los nuevos avances científicos y tolerante. En la ciencia surgió la teoría darwinista de la evolución, que reconocía la importancia de la herencia genética y la supervivencia del más fuerte como base del desarrollo de las especies. En el plano político, tomó fuerza el marxismo, que presentaba la lucha de clases como el motor de la historia.

REALISMO

Antes de alcanzar la segunda mitad del siglo XIX, ya aparecen en Europa los primeros síntomas de cansancio de la sobrecargada literatura romántica. La Revolución Industrial en toda Europa y en Norteamérica fomenta el desarrollo de la burguesía y el proletariado urbano. La burguesía prefiere una literatura más apegada a la realidad, que refleje su ascenso social. Surge así el Realismo, con autores como Stendhal, Balzac y Flaubert en Francia, Dickens y las hermanas Brontë en Inglaterra y Dostoievski y Tolstoi en Rusia. Sin embargo, España era un país muy atrasado por el injusto reparto de la tierra y el escaso desarrollo de la industria y el comercio, de modo que tal Revolución apenas tuvo efecto allí. Su burguesía era mucho menos poderosa que en el resto de Europa. Ésta fue una de las razones por las que el Realismo llegó tarde. Hasta el triunfo de la revolución de 1868, llamada la Gloriosa, que supuso la pérdida del trono para Isabel II, no se publicaron obras realistas escritas en español.

El cuadro costumbrista romántico sirvió de punto de partida a los realistas, que cambiaron su interés de lo pintoresco a lo cotidiano. El propósito fundamental de los realistas era retratar con el mayor rigor posible a la sociedad y al ser humano, tanto por dentro como por fuera. Para ello emprendieron una rigurosa observación de cada detalle. Se documentaron sobre el modo de vestir, de hablar, de sentir y de vivir de todas las clases sociales. Para mostrar el carácter de los individuos, rastrearon en su herencia biológica, en su ambiente y en sus experiencias vitales.

Los escritores realistas se dedicaron sobre todo a la novela, porque es el género que les permite entrar con mayor profundidad en los asuntos que les interesan. La novela realista sigue los pasos del proceso científico: la observación, seguida de la escritura, que supone un modo de experimentación, y resulta en una conclusión que confirma una tesis o muestra una determinada visión de su sociedad y de las personas que la habitan. Las obras suelen emplear un narrador omnisciente que se mete en cada rincón del alma de los personajes. Entre los grandes logros técnicos del Realismo se encuentra el empleo del estilo indirecto libre: un modo de reflejar directamente las ideas, vocabulario y estado anímico de los personajes, sin renunciar a la tercera persona. Las novelas realistas están ambientadas en el presente y toman a los personajes de la realidad cotidiana. Prestan una enorme atención al detalle, porque cuando describen, por ejemplo, los zapatos que lleva un personaje, están intentando que el lector comprenda también su clase social e incluso su forma de ser.

CECILIA BÖHL DE FABER

Cecilia Böhl de Faber (1796-1877) es la primera novelista que introduce en España elementos realistas. La dificultad que las mujeres tenían para publicar la llevó a esconderse bajo un pseudónimo masculino: Fernán Caballero. Su obra más famosa toma el título del apodo de su protagonista, *La Gaviota*. La Gaviota, que proviene de un pueblo pequeño, triunfa como cantante: su éxito la lleva a relacionarse con la alta sociedad, pero finalmente la arrastra a la perdición. El progreso, para la autora, es fuente de problemas e inmoralidad. El propósito fundamental de Böhl de Faber es moralizar: en especial demostrar que las mujeres que no cumplen con sus obligaciones matrimoniales y domésticas acaban sucumbiendo a la infelicidad.

PEDRO ANTONIO DE ALARCÓN

Alarcón (1833-1891) comenzó escribiendo cuentos románticos y poco a poco fue incluyendo en sus narraciones elementos realistas. Su obra más conocida es *El sombrero de tres picos*. Se basa en un romance tradicional, convenientemente cambiado para eliminar todos los elementos inmorales, y que ofrezca un modelo de conducta. Un corregidor desea seducir a una molinera y para ello hace que su marido pase toda la noche fuera de su casa moliendo trigo. Una sucesión de equívocos hace que la mujer del corregidor descubra sus intenciones, de modo que éste queda en ridículo. Al final los molineros vuelven a ser felices.

JUAN VALERA

El concepto de la literatura de Juan Valera (1824-1905) recuerda al renacentista: la novela debe servir para hacer felices a las personas, no para acentuar sus sufrimientos. Por ello, Valera muestra sólo lo hermoso, lo inteligente y lo agradable. Aun así, lo consideramos un escritor realista porque escoge ambientes y personajes propios de su tiempo y, aunque elimine los aspectos penosos, consigue unos retratos psicológicos muy convincentes, especialmente de las mujeres. También encontramos en su obra críticas al fanatismo, a los excesos del Romanticismo, a la cerrazón y a la hipocresía, siempre en un tono irónico pero amable.

Pepita Jiménez, su obra más conocida, comienza con la visita de don Luis de Vargas a su padre, don Pedro. Don Luis está a punto de ordenarse sacerdote. Don Pedro ha sido un auténtico donjuán y, superada ya la madurez, desea sentar cabeza casándose con Pepita Jiménez. Pepita es una jovencísima viuda que ha despreciado a todos sus pretendientes. Pronto surge el amor entre Don Luis y Pepita. Don Luis abandona su vocación religiosa para casarse con Pepita. Don Pedro se muestra encantado de este matrimonio que le devuelve a su hijo y le permitirá tener nietos. Frente al final doloroso de la mayor parte de las obras realistas, aquí los enamorados se casan y viven felices.

BENITO PÉREZ GALDÓS

Benito Pérez Galdós (1843-1920) dedicó toda su vida profesional a intentar conseguir una sociedad más justa. Lo hizo como periodista, como político de ideas liberales y como novelista. Sus *Episodios nacionales* son 46 novelas que reconstruyen la historia de España del siglo XIX. Aunque los escritores realistas tienden a ambientar sus obras en los años que viven, Galdós se remonta al pasado para que el lector pueda comprender mejor su presente. Las novelas respetan con el mayor rigor los sucesos históricos, aunque aparecen relatados desde la perspectiva de personajes ficticios de distintas clases sociales, que no son protagonistas de los grandes hechos históricos. De este modo el lector puede comprender, no ya lo que ocurrió, sino cómo lo afrontaron las personas de carne y hueso que lo vivieron.

El resto de sus novelas se agrupa en tres etapas. En la primera, Galdós escribe novelas de tesis en las que defiende sus ideas progresistas, y divide a los protagonistas en buenos y malos. Los conservadores aparecen como intolerantes y fanáticos, capaces de emplear la religión y la política sin ningún escrúpulo para alcanzar sus fines. En *Doña Perfecta*, Doña Perfecta y su hermano deciden que sus hijos, Pepe y Rosario, se casen. Pepe y Rosario se enamoran, pero a doña Perfecta no le gustan las ideas progresistas de Pepe y decide impedir el matrimonio. Como él persevera en su intento, doña Perfecta lo manda matar. Rosario termina ingresada en un manicomio y doña Perfecta pasa su tiempo en la iglesia gastando su fortuna en misas y celebraciones litúrgicas.

Las novelas de la segunda etapa presentan todas las características propias del Realismo. Ahora el narrador se vuelve más imparcial. Los argumentos se sitúan en Madrid y muestran un cuadro completo de todas las clases sociales. Son obras de esta época *La de Bringas*, *Fortunata y Jacinta* y *Miau*. En *Fortunata y Jacinta*, Juanito Santa Cruz, hijo único de una familia de la alta burguesía, seduce a Fortunata, una mujer de clase social muy baja, y luego la abandona. Juanito se casa con Jacinta, con la que no puede tener hijos, pero vuelve a encapricharse de Fortunata varias veces. Fortunata se casa, por interés, con Maximiliano Rubín, un boticario que sufre problemas físicos y mentales, pero no puede resistirse al encanto de Juanito, que la deja embarazada. Al final, Fortunata muere en el parto y deja su hijo a Jacinta. Juanito se ve obligado a confesar a su mujer que el niño es hijo suyo. Maximiliano es internado en un psiquiátrico por su familia.

En su tercera etapa, Galdós escribió novelas de tendencia espiritual en las que aparecen milagros y personajes que encarnan las virtudes cristianas. En *Misericordia*, Nina, la criada de doña Paca, pide limosna para que tanto ella como su señora puedan sobrevivir. Doña Paca fue rica en otro tiempo y es muy orgullosa, de modo que Nina no puede decirle que mendiga. Le cuenta que sirve en casa de un sacerdote, don Romualdo, cuya existencia ha inventado. Cuando doña Paca recibe una herencia, reanuda su vida social y descubre que Nina ha estado pidiendo, de modo que la expulsa de su casa. Nina pasa la vida haciendo el bien, sin conocer el rencor ni la maldad y sacrificando su bienestar para que los demás puedan ser felices.

CLARÍN

Leopoldo Alas "Clarín" (1852-1901) enseñó Derecho y se dedicó al periodismo y a la crítica literaria. Su ideología progresista y su compromiso con los más débiles lo llevaron a denunciar las injusticias, especialmente las cometidas por los políticos y por la iglesia católica. Su gloria literaria se debe a la novela *La Regenta*. Ana Ozores es hija de un noble y de una mujer humilde. Muerta la madre, el padre de Ana confía su educación a un aya perversa e hipócrita que le niega todo cariño. A la muerte de su padre sus tías se encargan de ella, para hacer una obra de caridad que le reprochan continuamente. Cuando llega el momento, la quieren casar con don Frutos, un hombre rico pero grosero. Horrorizada, Ana decide casarse con don Víctor Quintanar, el Regente de Vetusta, un hombre mucho mayor que ella, con quien mantiene una relación fraternal, pero no apasionada. Ya casada, dos hombres intentan seducir a Ana: don Fermín de Pas, un alto cargo religioso, y don Álvaro Mesía, un donjuán. Al final, Ana Ozores queda sola y despreciada por todos. Su pecado no ha sido tanto el adulterio, puesto que muchas de las mujeres que la condenan han sido adúlteras, sino el no mantenerlo en secreto, como mandan las hipócritas normas de la sociedad.

En *La Regenta* hay una ironía demoledora que se burla de todas las hipocresías sociales que condenan a las personas a la infelicidad. Tras el humor, la novela oculta un dolor inmenso: podríamos convivir en paz y en armonía, pero preferimos movernos en la mentira, la envidia y el odio. Pocos autores han conseguido una penetración psicológica tan profunda como Clarín. Es capaz de retratar el alma de cada personaje. Ana Ozores es la mujer a la que ha faltado el amor en todas sus formas (el de la madre, el del amante apasionado y sincero, el del hijo) y lo busca desesperadamente. Fermín de Pas es el hombre ambicioso que se cree superior a los demás y busca demostrárselo a sí mismo seduciendo a Ana. Álvaro Mesía es el seductor ya mayor que empieza a dudar de sus encantos. Vetusta, la ciudad donde se desarrollan los eventos, es también un personaje: mentirosa, hipócrita y fría, siempre intenta ostentar una virtud que esconde los más despreciables secretos.

NATURALISMO

El Naturalismo es una variante del Realismo que intenta llevar las características de éste hasta su extremo. Sus principios teóricos quedaron expuestos en *La novela experimental* del francés Émile Zola. Los escritores naturalistas eran materialistas, esto es, negaban la existencia del alma y pensaban que todos los pensamientos, sentimientos y decisiones del hombre procedían exclusivamente de elementos fisiológicos que podían ser comprendidos si se investigaban científicamente. Eso explica que sean también deterministas. Para ellos el hombre no está solamente influido, sino determinado por su genética y por su ambiente. Para sus obras escogen personajes llevados al límite, tanto en lo fisiológico como en lo social: retrasados mentales, alcohólicos, prostitutas, tullidos, etc.

EMILIA PARDO BAZÁN

Emilia Pardo Bazán (1851-1921) fue una mujer de una personalidad desbordante, que viajó, se relacionó con los escritores más notables de su tiempo y despreció la moral de sus contemporáneos. Recibió una educación elemental, como las mujeres de la época, pero su ansia de saber la convirtió en una auténtica autoridad en teoría literaria. Dominaba el francés, el inglés y el alemán. Luchó siempre por los derechos de la mujer, incluyendo una educación que les permitiera igualarse a los hombres. Para Pardo Bazán, de todas las esclavitudes a las que estaban sometidas las mujeres, la peor era la ignorancia. Financió, dirigió y escribió ella sola una revista, *Nuevo teatro crítico*, y fundó la Biblioteca de la Mujer. Fue profesora universitaria a pesar de la oposición de la mayor parte de sus colegas. Aunque Emilia Pardo Bazán siempre quiso formar parte de la Real Academia Española, no se le permitió por ser mujer.

En su ensayo *La cuestión palpitante*, expone con rigor y amenidad las características del Naturalismo y afirma que, si bien ella ha asimilado su técnica, no comparte su determinismo ni su materialismo. Su novela más celebrada es *Los pazos de Ulloa*. El señor de Ulloa, don Pedro Moscoso, es un noble que vive como un salvaje. Es amante de una de sus criadas, Sabel, con quien tiene un hijo, Perucho, al que están criando como un animal. Primitivo, el padre de Sabel, domina a su amo don Pedro. Julián, un sacerdote amanerado y de poca personalidad, es enviado para servir de capellán en el señorío. Julián convence a don Pedro para que viaje a la ciudad y se case con una de sus primas, Nucha. El matrimonio es feliz hasta que nace su hija Manolita. Don Pedro, que esperaba un varón, desprecia a Nucha y vuelve a tomar como amante a Sabel. Los acontecimientos se precipitan hacia la catástrofe. En la segunda parte de la novela, *La madre naturaleza,* Perucho y Manolita se enamoran sin saber que son hermanos.

VICENTE BLASCO IBÁÑEZ

Vicente Blasco Ibáñez (1867-1928) pinta el mundo valenciano en todos sus aspectos. Sus obras revelan una fuerte tendencia republicana y anticlerical, y una decidida defensa de los oprimidos. En *Arroz y tartana* muestra cómo viven los comerciantes y en *La barraca* se centra en la vida de los hortelanos. *Cañas y barro* cuenta la historia de Tonet, quien tiene poca afición por el trabajo. Tonet se hace amante de Neleta, esposa del rico Cañamel, y la deja embarazada. Cañamel muere tras dejar un testamento en el que dispone que, si Neleta mantiene cualquier tipo de relación con otro hombre, quedará desheredada. Para no perder la herencia, Tonet y Neleta intentan que ella aborte. Como no lo logran, asesinan al recién nacido. Cuando el cadáver es descubierto, Tonet, incapaz de soportar los remordimientos, se suicida. Blasco Ibáñez es también autor de *Los cuatro jinetes del Apocalipsis*, novela ambientada en la Primera Guerra Mundial que tuvo un gran éxito en Estados Unidos.

M O D E R N I S M O

A finales del siglo XIX, la revolución industrial experimentó una aceleración vertiginosa. El progreso técnico creció sin cesar, las clases medias continuaron su desarrollo y mejoraron sus condiciones de vida. Sin embargo, los más desfavorecidos todavía se veían obligados a interminables jornadas laborales y condiciones miserables. El progreso se debió en gran parte al colonialismo y a la explotación de los recursos que las metrópolis del norte de Europa extraían de los países menos desarrollados. Francia, Gran Bretaña y Alemania se disputaron la hegemonía mundial, y poco a poco Estados Unidos empezó a convertirse en una gran potencia.

Los movimientos literarios que surgieron fueron muy críticos con los valores burgueses. Despreciaban el progreso y la técnica porque entendían que, aunque aumentaran en algunos aspectos el bienestar, sometían al individuo a una vida impersonal y alejada de la belleza.

El Modernismo es la primera corriente literaria que nace en Hispanoamérica y de ahí se extiende a España. Es un movimiento de tintes aristocráticos que desea una renovación de la estética. Por encima de todo, adora el refinamiento y la elegancia. El Modernismo recibe la influencia de dos movimientos franceses contrapuestos que logra combinar armónicamente: el Parnasianismo y el Simbolismo. El Parnasianismo, liderado por Théophile Gautier, aspiraba a alcanzar la belleza externa sin conmover ni apelar a los sentimientos. Sus ideales eran la perfección formal, la impasibilidad, el equilibrio y el arte por el arte. El Simbolismo, en el que destacaron Arthur Rimbaud y Paul Verlaine, buscaba en el mundo externo símbolos que expresaran las realidades profundas del alma. Los simbolistas exploraron el misterio, el mundo de los sueños y la musicalidad.

Los modernistas despreciaron el gusto y la moral burguesa, que les resultaban vulgares. Sus obras describen espacios lujosos y exóticos: recurren a la mitología, las ninfas, los faunos y las hadas. El cisne se convierte en el símbolo de la belleza que anhelan. Frente al hombre responsable que cumple con sus obligaciones, celebran la libertad de la vida bohemia y al dandi, personaje elegante y cínico que elige sus propias normas. Se sienten cosmopolitas, ciudadanos del mundo, ciudadanos de una patria que se define por el refinamiento y no por las fronteras: por encima de todo, adoran París.

En sus versos buscan la musicalidad. Para ello inventan nuevas estrofas o rescatan otras olvidadas, cuidan mucho la rima y colocan los acentos de modo que el poema resulte muy rítmico. Escogen palabras delicadas y sonoras que remitan a realidades hermosas. En sus obras aparecen continuamente colores, olores, sabores, sonidos y texturas agradables. Desarrollan una gran variedad de recursos expresivos que constituyen una renovación del lenguaje poético castellano.

Puesto que el Modernismo nace en Hispanoamérica, es allí donde encontramos a los escritores más destacados: el nicaragüense Rubén Darío, el cubano José Martí o el colombiano José Asunción Silva. En España varios poetas experimentan con el modernismo, para luego evolucionar en otras direcciones. El poeta modernista español más importante es **Manuel Machado** (1874-1947). Lo más destacado de su obra es su capacidad para unir la tradición popular con el Modernismo más refinado: de sí mismo decía que era "medio gitano y medio parisién". Su poesía canta a la vida bohemia, a los amores superficiales y a los toros, pero también habla de grandes personajes de la historia de España (el Cid o Gonzalo de Berceo), de sentimientos melancólicos y de preocupaciones religiosas. Sus poemarios más valorados son *Alma* y *Ars moriendi* (*El arte de morir*, en latín).

ESPAÑA: SIGLOS XX Y XXI

A pesar de las miserables condiciones de vida, del pertinaz atraso con respecto a Europa, del mal reparto de las tierras, de la inexistencia de una industria moderna y del caciquismo imperante, los españoles vivían convencidos de que su país continuaba siendo una potencia mundial. En 1898 y tras una humillante derrota militar, España perdió sus últimas colonias: Cuba, Puerto Rico y Filipinas. El acontecimiento, que pasó a conocerse en España como el Desastre del 98 (the Spanish-American War), dejo a una nación sin identidad y sumida en una fuerte crisis de valores. Para recuperar el prestigio perdido, España se embarcó en la aventura de establecer un protectorado en Marruecos, pero sufrió una terrible derrota en Annual en 1921.

En 1923, el general Miguel Primo de Rivera dio un golpe de estado con el apoyo del monarca Alfonso XIII y de las clases más conservadoras, y estableció una dictadura. Durante este periodo, la economía experimentó un considerable crecimiento, pero un cúmulo de problemas políticos desgastó la figura del rey, quien decidió expatriarse. Comenzó así la Segunda República en 1931. La mayor parte de los intelectuales mostró su apoyo a la nueva forma de gobierno, pero las huelgas, los desórdenes públicos, la crisis económica mundial y la escasa calidad humana de los políticos propiciaron la polarización de los ciudadanos y el auge de las ideas extremistas, tanto fascistas como comunistas.

En 1936 un golpe de estado perpetrado por militares derechistas dirigidos por Francisco Franco dio comienzo a la Guerra Civil, que duró hasta 1939. El bando franquista ganó la Guerra Civil e impuso un gobierno autoritario. Además del costo en vidas humanas, se suprimieron las libertades, su produjo una terrible represión, el país quedó totalmente destruido y los españoles divididos por su ideología. España tuvo problemas para recuperarse porque los aliados de Franco, Hitler y Mussolini, perdieron la Segunda Guerra Mundial. España quedó aislada del mundo, obligada a encerrarse en sí misma y a autoabastecerse. Franco quería convencer al pueblo de que el mundo entero se equivocaba y de que era España quien transitaba por la senda de la razón y la justicia. Se glorificaba el "bendito atraso", esto es, la idea de que los españoles debían dar gracias por su atraso, que evitaba el contagio de las "malvadas" ideas exteriores de libertad y progreso. Hasta la muerte del dictador (1975), la literatura en España estuvo desligada de lo que se estaba escribiendo en el resto del mundo. Muchos autores se exiliaron. Los que permanecieron, se enfrentaron a una censura que les obligaba a medir cada palabra para evitar las represalias.

Tras la muerte de Franco, la transición a la democracia fue un difícil proceso en el que todas las fuerzas políticas tuvieron que ceder para conseguir una constitución con la que todos los españoles se sintieran identificados. Sorprendentemente, el paso a la democracia se logró sin apenas violencia. España se constituyó en una monarquía constitucional y en un estado democrático en el que los tres poderes quedaron separados. El problema del terrorismo de ETA (una organización independentista vasca) y el fallido golpe de estado del 23 de febrero de 1981 supusieron graves dificultades para la consolidación de la democracia. En 1986, España entró oficialmente en la Comunidad Económica Europea, más tarde Unión Europea. Así se unía al destino de sus vecinos en su propósito de construir una Europa basada en la solidaridad, que garantizara los derechos sanitarios, educativos y sociales a todos sus ciudadanos. En la actualidad, está siendo especialmente golpeada por la crisis mundial de 2008, debido fundamentalmente al incremento del precio de las materias primas y a la especulación financiera.

GENERACIÓN DEL 98

Ante la catástrofe que supuso en España el Desastre de 1898, surgió un grupo de escritores, conocidos como Grupo o Generación del 98. Los escritores del 98 comparten un estilo que busca un lenguaje sobrio y alejado de la ostentación y los adornos superficiales. Escriben sobre dos temas principales: España y el existencialismo. Sobre España, en principio, piensan que la solución a sus dificultades está en aprender de las otras naciones europeas, pero luego se van alejando de esta tesis. Llegan a la conclusión de que los valores de España (a la que ellos identifican con Castilla) eran su religiosidad y su carácter combativo, y que, al perder estas cualidades, la nación ha traicionado su identidad, ha fracasado y se ha hundido. La única solución es, por lo tanto, recuperar la España mística y guerrera. Por otra parte, se plantean el sentido de la vida desde una perspectiva existencial. Tienden a un fuerte pesimismo, como los filósofos que les sirven de referencia: Nietzche y Schopenhauer.

MIGUEL DE UNAMUNO

Miguel de Unamuno (1864-1936) es considerado uno de los filósofos españoles más importantes. Durante toda su vida se opuso al gobierno, de cualquier signo que fuera, lo que le trajo grandes dificultades: fue desterrado durante años y perseguido por sus críticas. Al inicio de la Guerra Civil se puso del lado de los franquistas, pero luego los criticó públicamente por sus crueldades.

Sus novelas se alejan tanto del modelo tradicional que muchos de sus contemporáneos afirmaban que no eran auténticas novelas. Unamuno, siempre muy ingenioso, afirmó que tenían razón, que no eran novelas, sino *nivolas*, y que por tanto presentaban las características que a él le vinieran en gana. Para él, la novela es el mejor ámbito para discutir problemas filosóficos e inquietudes existenciales, porque las ideas se encarnan en los personajes. Su gran tema es la angustia que siente el ser humano ante la muerte. Sus personajes buscan sin descanso un sentido para su vida y quieren encontrar a Dios, pero fracasan.

Niebla cuenta la historia de Augusto Pérez, un hombre cuya vida es aburrida y que decide enamorarse para llenar su vacío. Consigue comprometerse con una mujer que lo deja plantado para marcharse con su antiguo novio. Augusto pretende suicidarse, pero antes de hacerlo pide consejo a... Miguel de Unamuno. Unamuno le explica que no es un hombre de carne y hueso, sino un personaje de ficción de una de sus *nivolas*, por lo que no puede quitarse la vida ni realizar ninguna acción que no decida su autor. Enfadado, Augusto le replica que también él, Unamuno, es el personaje de ficción de una novela que está escribiendo Dios, y que ese Dios tal vez lo sea de la novela que escribe otro Dios superior, y así sucesivamente hasta el infinito. En la obra se exponen las tres formas humanas de conocimiento y la respuesta que dan al problema de la inmortalidad: la razón niega que exista vida tras la muerte, el sentimiento lo duda y la voluntad lo afirma vehementemente.

San Manuel Bueno, mártir narra la historia de un sacerdote, Manuel, sobre el que se está investigando si merece ser reconocido como santo. Ángela, que fue su mano derecha, explica que Manuel no creía en Dios, o creía no creer en él. Pese a ello, Manuel dedicó toda su vida a los demás para que mantuvieran la fe y no sufrieran la angustia de la duda que a él lo devoraba. Para Ángela, ésta es una forma superior de creer, puesto que la fe, como dice el Evangelio, no se manifiesta en palabras, sino en obras. Toda la novela se articula en torno a paradojas, lo que constituye una parte fundamental del estilo de Unamuno.

En sus ensayos, Unamuno aborda las mismas preocupaciones que en sus novelas y acuña un término importante: *intrahistoria*. Para él, la intrahistoria es la historia de las personas sencillas que componen el pueblo y refleja mejor el carácter de una nación que los conceptos macrohistóricos que estudiamos en los libros. Sobre el tema de España, destaca *Vida de don Quijote y Sancho*; sobre el asunto existencial, *Del sentimiento trágico de la vida* y *La agonía del cristianismo*. En éste último, la palabra *agonía* se usa en sentido etimológico, con el significado de *lucha*: no quiere decir que el cristianismo esté muriendo, sino que ser cristiano es una lucha continua. De hecho, a los personajes de sus *nivolas* los llama *agonistas*.

AZORÍN

José Martínez Ruiz (1873-1967) es más conocido por el nombre de uno de sus personajes, *Azorín*, que adoptó como propio. En sus obras, con abundantes elementos autobiográficos, apenas sucede nada: lo que deseaba era mostrar el interior de su protagonista (sus sentimientos, pensamientos, sensaciones, etc.) y su evolución. Sus temas fundamentales, además de la preocupación por España, son el paso del tiempo y lo efímero de la existencia. En sus novelas abunda la descripción; el paisaje castellano se convierte en uno más de los personajes. Su estilo se apoya en frases breves, de pocos verbos, que intentan ser muy precisas, detallistas y claras. Le interesa mucho evocar el pasado y reflexionar acerca de su similitud con el presente. *La voluntad* y *Antonio Azorín*, ambas protagonizadas por el mismo personaje, muestran la apatía ante la vida y el intento de darle sentido volviendo a la naturaleza, a la meditación y a la literatura.

PÍO BAROJA

Pío Baroja (1872-1956) se definió a sí mismo como un "pajarraco del individualismo" por su carácter huraño, solitario y poco sociable. La ideología de Baroja era el ser contrario a todo: odiaba el ejército, el cristianismo, el clero, el socialismo, la monarquía, la democracia, el nazismo, etc. Aunque estudió medicina, sólo ejerció durante poco más de un año, pero sus conocimientos médicos se reflejan en sus novelas.

Baroja pensaba que la novela era un género en el que cabía todo: "el libro filosófico, el libro psicológico, la aventura, la utopía, lo épico; todo absolutamente". Sus obras rara vez se limitan a una historia principal y suelen presentar una enorme variedad de tramas paralelas. Baroja escribía sus novelas sin un plan fijo. Al contrario que Unamuno o Azorín, no se detiene en reflexiones filosóficas, sino que se concentra en la acción. Suele dedicar poco espacio a la descripción, prefiere las palabras sencillas y la frase corta, y unas pinceladas le bastan para dar vida al ambiente que quiere retratar. Sus novelas suelen tener finales abiertos, en los que, tras haber contado un pedazo de vida, el autor deja a sus personajes sin haber resuelto sus conflictos. Los que admiran a Baroja califican su estilo de espontáneo y quienes no, de descuidado.

Escribió una gran cantidad de obras, que agrupó muchas veces en trilogías. De la trilogía *Tierra vasca* destaca *Zalacaín el aventurero*; de la trilogía *La lucha por la vida*, la novela *La busca*; de la trilogía *La raza*, *El árbol de la ciencia*. En *La busca*, el protagonista, Manuel, llega a Madrid para vivir con su madre, que sirve en una pensión. Una discusión con uno de los huéspedes lo lleva a ser expulsado y a tener que buscarse la vida en los trabajos más diversos, todos ellos duros y muy mal pagados. Conoce los bajos fondos madrileños y se relaciona con jóvenes que bordean el mundo de la delincuencia. La novela presenta la incapacidad de Manuel por decidir cuál es su lugar en el mundo: dedicarse al trabajo o sumergirse en la marginalidad. Manuel es el modelo de personaje abúlico y pasivo de Baroja, frente al protagonista de *Zalacaín el aventurero*, prototipo de personaje activo y emprendedor, que representa al hombre de acción.

En *El árbol de la ciencia*, Andrés Hurtado, el protagonista, emprende la carrera de medicina sin ninguna ilusión y, una vez inmerso en ella, va descubriendo que los médicos, quienes deberían tener una sensibilidad especial ante el dolor ajeno, son muchas veces personas crueles y sin escrúpulos. Tras el fallecimiento de su mujer, que antes había dado a luz a un hijo ya muerto, incapaz de encontrarle sentido a la vida, termina suicidándose. En la obra aparecen abundantes elementos naturalistas.

ANTONIO MACHADO

El poeta Antonio Machado (1875-1939) era melancólico, humilde, introvertido, sensible y triste. Con más de treinta años, se casó con Leonor, una joven de dieciséis años que murió pronto. Soria, el lugar castellano donde la conoció, y la añoranza de su amada marcaron su poesía. El estilo de Machado comparte muchos elementos con el de Bécquer, pues ambos buscan la expresión de la intimidad de un modo sincero y sencillo.

Soledades, galerías y otros poemas es su obra más modernista. La influencia del Simbolismo le lleva a presentar sus sentimientos de forma indirecta. Los jardines en los que el poeta dialoga consigo mismo representan el interior de su alma, los atardeceres representan la pérdida, la nostalgia y la muerte, y, en las fuentes, el agua estancada representa el tiempo pasado y la que corre, el fluir de la vida. El amor, la soledad, la melancolía y el sentido de la existencia son los temas más repetidos.

En *Campos de Castilla*, los símbolos habituales del Modernismo son sustituidos por el paisaje duro de Castilla y el dolor ante la muerte de Leonor. El poeta reflexiona acerca de los enigmas del hombre y del mundo. Al mismo tiempo, critica con dureza a la España "de charanga y pandereta", que ha renunciado a la verdadera espiritualidad, a la lucha por una vida digna y al trabajo. Para Machado, bajo la apariencia de alegría exterior de sus compatriotas, se esconden la pobreza del alma y la miseria material. Critica una religión que sirve para acallar conciencias en lugar de para despertarlas; al señorito andaluz, que se ha desentendido del bienestar de su tierra y, en lugar de generar riqueza, dedica su vida a la diversión frívola y al afán por aparentar; al hombre cuya máxima experiencia vital es haber visto un día la faena de un torero.

VALLE-INCLÁN

Ramón María del Valle-Inclán (1866-1936) siempre puso un énfasis especial en convertirse en un ser misterioso. Cultivó para sí mismo una imagen bohemia y extravagante y se comportó como si fuera el personaje más complejo de una obra de ficción. En su etapa Modernista escribió las *Sonatas*, un conjunto de cuatro novelas identificadas con las cuatro estaciones del año. Cada una de ellas representa una etapa de la vida de su protagonista, el marqués de Bradomín, que se define a sí mismo como "un donjuán feo, católico y sentimental". Bradomín es un auténtico dandi, elegante y ajeno a cualquier principio de la moral burguesa, que intenta seducir a las mujeres deleitándose en la conciencia de que está pecando. La elegancia de su léxico y de su sintaxis, aunada a su musicalidad, convierten a Valle-Inclán en el prosista más interesante del modernismo español.

La creación literaria más importante de Valle-Inclán es el esperpento. El autor cuenta que ideó el esperpento viendo su propia imagen reflejada en los espejos cóncavos y convexos del callejón del Gato en Madrid. Esas imágenes le inspiraban terror y risa. Según Valle-Inclán, una España deforme como la que él habita, sólo puede transmitirse al lector con una estética deformante y grotesca. En el esperpento, los personajes son vistos a la vez como ridículos y admirables. Zarandeados por la desgracia, muestran tanto su grandeza como su insignificancia. Las situaciones son tan violentas, crueles y absurdas que provocan simultáneamente risa y llanto. En cuanto al estilo, el esperpento mezcla las palabras más elevadas con las más zafias. Las obras esperpénticas más importantes son la novela *Tirano banderas* y la obra teatral *Luces de bohemia*.

Luces de bohemia cuenta las peripecias del intelectual Max Estrella y su supuesto amigo, don Latino de Híspalis, durante una noche de deambular por Madrid. Max sale de su casa para exigirle una satisfacción a un librero que, con la complicidad interesada de don Latino, lo estafa. El protagonista, que conoció una cierta gloria literaria, vive con su mujer y su hija en la más absoluta miseria. Durante la noche, va encontrándose con una amplio abanico de personajes de la época, desde los más marginales a un ministro, desde los borrachos a los poetas modernistas. Max muere y su amigo don Latino le roba un décimo de lotería que resulta premiado. La mujer y la hija de Max, viéndose en la más absoluta pobreza, se suicidan. En la obra, bajo el humor, subyace una amargura siniestra. El inolvidable personaje de Max Estrella es sarcástico, agudo, brillante, y a la vez derrotado, insignificante y ridículo.

VANGUARDIAS

La confianza en el progreso de principios de la revolución industrial se topó con la catástrofe de la Primera Guerra Mundial. La tecnología que iba a hacer feliz al hombre se empleó en una contienda en la que murieron millones de personas. La democracia quedó desprestigiada. La Revolución Soviética (1917) presentó al mundo un espacio en el que la burguesía había sido derrotada y los valores religiosos resultaban prescindibles. La sociedad comenzó a radicalizarse y se produjo el auge del comunismo y del fascismo.

Las corrientes artísticas del periodo de entreguerras reclamaban la renovación total de la cultura. Pretendían romper con las normas, con la literatura anterior, con el sentimiento y con la reflexión. Aspiraban a que su revolución trascendiera el mundo del arte, inundara el de la cultura y cambiara la sociedad de su tiempo. Buscaban la sorpresa, el juego y la originalidad. Deseaban reflejar los aspectos del ser humano que el racionalismo había silenciado. Despreciaban al vulgo, incapaz de comprender su arte, y se consideraban una élite intelectual.

Al negarse a admitir cualquier norma, los vanguardistas se agruparon en movimientos efímeros, los *ismos*, que se descomponían en cuanto habían generado una esencia propia, puesto que tal esencia habría constituido la norma que obligaba a los artistas a continuar un camino determinado. El **futurismo**, ideado por el italiano Marinetti, busca la velocidad. Adora las máquinas, el cine, el deporte y la industria, y desprecia el sentimiento. No respeta la sintaxis, no emplea signos de puntuación y pretende desterrar el argumento y la racionalidad de sus composiciones. El **dadaísmo**, creado por Tristan Tzara, rumano afincado en Francia, pretendía imitar en el arte los balbuceos de un bebé (*dadada...*). La racionalidad le parecía despreciable. Mezclaba todas las artes en sus obras, odiaba la belleza y empleaba el azar como técnica. El **cubismo**, que nació en la pintura, animó a los poetas a disponer sus palabras sobre el papel formando dibujos, como hace el poeta francés Apollinaire en sus caligramas. Todos estos ismos se consideran deshumanizados porque pretendían eliminar el sentimiento de las obras. Sin embargo, expresionismo y surrealismo luchan por reflejarlo, utilizando métodos opuestos a los empleados por los movimientos precedentes. El **expresionismo** intenta manifestar la angustia del artista, el horror de la guerra, la locura y el pánico ante la destrucción total del planeta.

De todos los ismos, el más influyente y longevo fue el **surrealismo**, que fue impulsado por el francés André Breton, con influencias del dadaísmo, del marxismo y, sobre todo, de la teoría psicoanalítica de Sigmund Freud. Según Freud, en los sueños se manifiesta nuestro subconsciente, pero, para evitar la censura, lo hace de modo encubierto, por eso es preciso interpretar los elementos oníricos y, tras sus símbolos, descubrir lo más oculto del alma humana. Para los surrealistas, el hombre vive sometido a presiones externas que le impiden ser él mismo. En el subconsciente individual se esconden sus verdaderos deseos, sus pasiones y sus miedos, reprimidos por la educación. Para rescatarlos es preciso anular los elementos conscientes que se encargan de bloquear el subconsciente. Si el artista desea liberarse, debe anular la vigilancia que ejerce la razón, para lo cual el surrealismo emplea diversas técnicas innovadoras, como la escritura automática o el cadáver exquisito. La escritura automática consiste en producir literatura sin pensar; para ello se busca un estado mental parecido al del sueño o al de la hipnosis, se consumen drogas, se escribe tras haber traspasado la frontera del agotamiento o se bucea en el mundo de los sueños. Un juego practicado por los surrealistas era el del cadáver exquisito: alguien escribía algo, doblaba el papel y el siguiente debía continuar escribiendo sin saber lo que ya se encontraba en la hoja; al final se leía el resultado, totalmente incoherente desde el punto de vista lógico, pero muchas veces desconcertante y evocador. El lenguaje se libera de la lógica y se logran imágenes imposibles, metáforas sorprendentes y asociaciones entre conceptos muy dispares. A diferencia de otros ismos, el surrealismo sí pretende conmover y despertar sentimientos, pero no se dirige al corazón ni al pensamiento del lector, sino a su parte más inconsciente y profunda.

La vanguardia entra en la literatura española con **Ramón Gómez de la Serna** (1888-1963). Su revista *Prometeo* trajo a España las inquietudes europeas. Ramón se convirtió en un agitador cultural que animó a los escritores a internarse por el mundo de la vanguardia. Su figura bohemia daba vida a las tertulias y sacudía las conciencias artísticas de los jóvenes. Inventó la *greguería*, que consiste en un pensamiento o una frase breve que combina el humor, el ingenio, el disparate y la lírica: "Los presos a través de la reja ven la libertad a la parrilla"; "De la nieve caída en el lago nacen los cisnes"; "Los tornillos son clavos peinados con la raya en medio".

NOVECENTISMO

Muy influido por las vanguardias, nace el siguiente movimiento literario español: la llamada Generación del 14 o Novecentismo. Frente al casticismo del 98, los novecentistas buscan la aplicación a España de los valores, las formas de vida y el pensamiento europeos. Pretenden así dar un empujón a la atrasada sociedad española, no sólo desde el ámbito cultural y científico, sino también desde el político, el económico y el social. Son intelectuales, contrarios a la expresión del sentimiento en la creación literaria. Buscan el arte puro y lo emplean como modo de conocimiento.

ORTEGA Y GASSET

José Ortega y Gasset (1883-1955), aparte de literato, es el filósofo español más importante del siglo XX. En sus ensayos aborda temas literarios, estéticos, sociológicos, filosóficos, históricos y de toda índole. *La deshumanización del arte* propone una creación artística innovadora, difícil de comprender, independiente del mundo real, ajena a todo sentimiento y a la lógica, sin pretensión de compromiso social o moral y dedicada a una minoría intelectual. *La España invertebrada* le sirve para reflexionar acerca de la decadencia de España. *La rebelión de las masas* expone que el hombre del siglo XX se ha convertido en parte de una multitud incapaz de pensar, por lo que propone que una minoría de intelectuales bien preparados lo oriente en el arte, la cultura, la política y la ciencia.

JUAN RAMÓN JIMÉNEZ

Juan Ramón Jiménez (1881-1958) sufrió una fuerte inclinación a los trastornos depresivos y la melancolía. Sus poemas manifiestan una sensibilidad extrema. Juan Ramón concebía la poesía como belleza, pero también como un modo privilegiado de conocimiento que era superior al que concede la razón y que permitía acercarse a lo esencial, lo universal y lo eterno. Incapaz de mejorar la realidad, el poeta debía crear otra realidad sencilla y hermosa. Escribió siempre para una minoría elitista. En 1956 se le concedió el Premio Nobel de Literatura.

Juan Ramón comenzó escribiendo con un estilo intimista y sencillo, de suave musicalidad y fuerte influencia becqueriana (*Arias tristes*). Pronto asumió los aspectos más externos y vistosos del Modernismo: empleó muchos elementos sensoriales y se recreó en la adjetivación, sin renunciar nunca a la expresión de sus sentimientos (*Poemas mágicos y dolientes*). Después optó por la *poesía pura* e intelectual: despojó su obra de adornos, eliminó lo narrativo y concentró los conceptos y los sentimientos. Estos poemas son densos y breves (*Diario de un poeta recién casado*). Finalmente escribió lo que se ha llamado *poesía verdadera*, que buscaba la perfección y depuración de las formas. Esta poesía exploraba el ámbito de lo trascendental, de lo divino, incluso de lo místico, con ciertas dosis de panteísmo. El poeta llega a identificarse a sí mismo, junto con todo lo creado, con Dios (*Animal de fondo* y *Dios deseado y deseante*).

Platero y yo es un libro tierno y sensible donde el autor emplea una prosa tan delicada que se ha dado en llamar *prosa poética*. Platero es el burro del poeta y el libro cuenta la conmovedora relación entre ellos.

NOVELISTAS

Ramón Pérez de Ayala (1880-1962) desarrolló una novela intelectual, cargada de meditaciones morales, psicológicas y de crítica social. En *AMDG* (*Ad maiorem Dei gloriam, Para mayor gloria de Dios*, el lema de los jesuitas) narra su dolorosa experiencia en el colegio de jesuitas donde se educó. *Tigre Juan* y su continuación, *El curandero de su honra*, presentan una reflexión acerca del machismo a través de un personaje que evoluciona desde posturas misóginas al descubrimiento del amor.

Gabriel Miró (1879-1930) escribió novelas líricas que profundizan mucho en la psicología de sus personajes e indagan en las sensaciones, pero que renuncian a trazar argumentos complejos o con mucha acción. Sus descripciones son de un acentuado barroquismo. *Nuestro padre san Daniel* retrata una España atrasada y estancada en la superstición religiosa y la intransigencia moral. Muestra el continuo choque entre la sensualidad y la represión religiosa.

G R U P O   D E L   2 7

En 1927 se celebró en el Ateneo de Sevilla un acto de homenaje al escritor barroco Luis de Góngora, en el tercer centenario de su muerte. El grupo que se juntó allí reivindicaba a este poeta poco apreciado por la cultura oficial del momento. Ellos admiraban a Góngora por su esteticismo, su ausencia de sentimentalismo y su cuidado de la forma. Todos estos rasgos eran considerados muy cercanos a la poesía contemporánea y se asemejaban a algunos de los objetivos vanguardistas. De esta reunión surgió el grupo del 27, formado por poetas, muchos de los cuales eran amigos. Algunos pasaron por la Residencia de Estudiantes de la Institución Libre de Enseñanza, donde se estaban preparando las mentes más privilegiadas y progresistas del país, como Salvador Dalí o Luis Buñuel. A lo largo de su vida, los escritores del 27 colaboraron en las mismas revistas, figuraron juntos en distintas antologías y escribieron acerca de sus compañeros de grupo.

Antes de formar grupo, los poetas del 27 estuvieron influidos por la poesía modernista, la poesía pura y las vanguardias deshumanizadas (futurismo y creacionismo, especialmente). Una vez formado el grupo y hasta la Guerra Civil, el surrealismo humaniza sus versos. Junto a la experiencia personal y la angustia existencial, sus poemas reflejan la preocupación social por una España condenada al abismo de la lucha entre hermanos. Tras la Guerra Civil—Lorca ha muerto—unos optan por el exilio y otros se quedan. Estos últimos no pueden expresar libremente sus ideas. A menudo se habla del *exilio interior* para explicar la situación de los poetas que optaron por permanecer en su patria. El conflicto y sus consecuencias los transforman. La terrible posguerra ha creado una España que en nada se parece a la que ellos soñaron.

La estética del 27 es ecléctica: su rasgo más característico es la mezcla de elementos dispares o incluso opuestos entre sí. Por un lado, admiran la poesía popular, que se manifiesta en el folclore y los romances; por otro, sienten devoción por la literatura clásica española. Garcilaso de la Vega, Fray Luis de León y Góngora se convierten en los modelos que desean seguir. De la poesía más cercana a su tiempo, admiran a Bécquer, a Antonio Machado, a Rubén Darío y, muy en especial, a Juan Ramón Jiménez. Además acogen con entusiasmo la influencia de los movimientos vanguardistas. Aspiran a una poesía pura, deshumanizada, entendida como un simple juego; pero también son capaces de emplear las técnicas surrealistas para bucear en lo más profundo del ser humano. Desean expresar lo más hondamente español, sin dejar de estar abiertos a la influencia de las corrientes extranjeras.

PEDRO SALINAS

Pedro Salinas (1891-1951) se exilió a Estados Unidos al comenzar la Guerra Civil y no regresó a España. Concebía la poesía como un modo de encontrar la esencia de los sentimientos, de la vida y el conocimiento. Reflexionaba sobre los conceptos más complejos usando los vocablos más sencillos. A veces sus poemas parecen conversaciones informales: hasta tal punto que Lorca los denominaba "prosías".

En sus primeras obras hay una gran influencia de la poesía pura y de las vanguardias, especialmente del futurismo (*Presagios*, *Seguro azar* y *Fábula y signo*). Más adelante su poesía se vuelve más intimista. *La voz a ti debida* presenta a un ser humano que sólo está completo cuando ha escuchado la voz del amor. El amor se convierte así en un espacio místico en el que los amantes encuentran la plenitud absoluta, la identidad y el gozo. Los amantes no necesitan nombres: son, simplemente, "tú" y "yo", porque el resto del universo sólo existe en un plano secundario. El poeta es capaz de superar la anécdota, el hecho concreto, para profundizar en el amor como la fuerza que da sentido a la vida. En *El contemplado*, el sufrimiento y la angustia del mundo llevan al autor a dirigir su mirada al exterior y a denunciar los peligros que nos rodean, por ejemplo, la espantosa posibilidad de que la energía atómica sirva para destruir al hombre.

JORGE GUILLÉN

Jorge Guillén (1893-1984) se exilió también a Estados Unidos. Es el poeta más intelectual del grupo. Su obra se acerca a la poesía pura de Juan Ramón Jiménez porque, a partir de la experiencia cotidiana, de los objetos más simples, compone poemas de gran profundidad, orientados a la reflexión y al concepto abstracto. Usa un lenguaje muy elaborado, con pocos adornos y mucha densidad. Unió toda su producción bajo el título *Aire nuestro*. En *Cántico*, frente a la poesía dolorida de otros miembros del grupo, Guillén expresa su entusiasmo ante la vida y su pasmo ante las maravillas que lo rodean. Da gracias al mundo por su hermosura y por su perfección. Cuando aparece la muerte, nos la presenta como una parte más de esa vida que tanto ama: una parte que acepta con serenidad. En *Clamor*, el poeta protesta airadamente contra las injusticias del mundo, la pobreza, la guerra fría, el espanto atómico y la falta de solidaridad del hombre. Aun así, en el libro aún queda espacio para la esperanza en las personas. Por último, en *Homenaje* dedica poemas a grandes escritores y artistas, desde Homero hasta sus contemporáneos.

LUIS CERNUDA

Luis Cernuda (1902-1963) era un hombre de una sensibilidad extrema, introvertido y difícil en el trato social. No intentó disimular su homosexualidad, por la que siempre se sintió perseguido. Vivió en Gran Bretaña, Estados Unidos y Méjico. La soledad y la rebeldía ocupan el lugar central de su producción, que se distingue por un tono y lenguaje coloquiales. Su poesía está marcada por el violento choque entre sus deseos y la realidad. Muestra un anhelo por un mundo habitable y humano donde se disfrute con libertad la belleza y el amor, pero sólo encuentra espacio para la desesperanza. Toda su obra habla de su experiencia, de su evolución personal, de su dificultad para adaptarse a un mundo que le resultaba hostil, en todos los países donde residió. Sin embargo, su pudor le impide reflejar directamente los sucesos concretos.

En sus primeras obras (*Los placeres prohibidos* y *Donde habite el olvido*), de notable influencia surrealista, explora el amor y aspira a lograr por éste la unión de los cuerpos y de los espíritus de los enamorados. Tras el exilio, su producción se vuelve más autobiográfica: trata el destierro, la salvación y la recuperación de la infancia a través del arte. Según Cernuda, el poeta es un ser diferente a los demás, condenado a la soledad y portador de una cualidad sobrenatural para comprender lo que los otros no perciben. En *Desolación de la Quimera*, el poeta repasa todo su pasado y ajusta cuentas pendientes con personas cuyos nombres no menciona. En sus versos, el poeta presiente su muerte y se despide de la vida.

RAFAEL ALBERTI

El primer poemario importante de Rafael Alberti (1902-1999), *Marinero en tierra*, es una obra neopopularista en la que expresó la nostalgia por su Cádiz natal, que identifica con la infancia y el paraíso perdidos. En *Cal y Canto* se ve la influencia vanguardista y gongorina. *Sobre los ángeles* supone la respuesta poética a la profunda crisis espiritual que le hizo perder la fe, a una ruptura sentimental y al desencanto que le producía ver cómo los otros poetas de su generación iban encontrando un espacio profesional y vital que a él le quedaba lejano. Valiéndose de la técnica surrealista, Alberti expresó su dolor al ser expulsado del paraíso y arrojado a un mundo peligroso y hostil. Alberti describe a sus ángeles como "ciegas reencarnaciones de todo lo cruento, lo desolado, lo agónico, lo terrible y a veces bueno que había en mí y me cercaba". Afiliado al Partido Comunista y obligado a exiliarse, vivió en Argentina e Italia hasta su regreso a España tras la muerte de Franco. Durante el exilio manifestó su dolor por la España perdida y la indignación por el destierro y la situación de su patria. Su poesía se inclinó entonces hacia el comunismo y la denuncia social (*El poeta en la calle*). Alberti fue también autor de teatro con obras como *De un momento a otro*.

VICENTE ALEIXANDRE

La vida de Vicente Aleixandre (1898-1984) estuvo marcada por problemas de salud. A pesar de su homosexualidad, mantenida siempre con discreción, y de sus ideas de izquierda, optó por permanecer en España tras la Guerra. Obtuvo el Premio Nobel en 1977. Su poesía gira en torno al amor, la naturaleza y la muerte. Es un hombre pesimista que cree que la esencia del ser humano es el sufrimiento y preferiría ser vegetal o piedra para evitar el dolor de su consciencia: de ahí viene su afán por fundirse con la naturaleza. Aleixandre es el poeta más influido por el surrealismo: abundan en él las imágenes sorprendentes y grandiosas y el versículo de sonoridad y contenido solemne. En *Espadas como labios* y *La destrucción o el amor*, el amor es una fuerza ciega e inevitable que arrastra al ser humano a la destrucción. La muerte se presenta como una salvación ante este sufrimiento, y la fusión con la naturaleza como la salida hasta que llegue aquélla. En *Historia del corazón* y *En un vasto dominio*, el estilo se hace más sencillo y los temas dejan paso a las preocupaciones del hombre común. Aleixandre anima a olvidarse del dolor particular para abrirse a la experiencia del encuentro con los otros seres humanos. En *Poemas de la consumación*, se enfrenta a la muerte, repasa su vida y añora la juventud.

GERARDO DIEGO

Gerardo Diego (1896-1987) fue el único poeta del 27 que apoyó a Franco e incluso dedicó poemas a los nacionales. Fue el escritor más influido por el creacionismo y el ultraísmo, pero cultivó también una poesía clasicista. *La fábula de Equis y Zeda* y *Poemas adrede* mezclan elementos vanguardistas con métrica tradicional. Gerardo Diego muestra su apertura a la diversidad vanguardista en *Imagen* y *Manual de espumas*. También desarrolló temas y formas tradicionales, con poemas dedicados al paisaje, al amor, a los toros, a la música y a la religión. En *La fundación del querer* encontramos un canto a la vida doméstica y al amor conyugal. Las *Canciones a Violante* muestran una fuerte influencia de la poesía de los Siglos de Oro. En *Alondra de verdad* hallamos el poema "Insomnio": mientras duerme la amada, el amado pretende acceder a su mundo interior, al espacio secreto e inalcanzable de sus sueños.

DÁMASO ALONSO

Dámaso Alonso (1898-1990), que permaneció en España tras el conflicto, es el mejor representante del exilio interior. Sus primeros libros muestran influencias de Juan Ramón Jiménez, Antonio Machado y la poesía popular. Tras casi veinte años de silencio, publicó *Hijos de la ira*, un libro fundamental que marcará el devenir de la poesía española durante varias décadas y que inaugura la poesía existencial. *Hijos de la ira* es el reverso de la poesía formalista. Nada hay aquí de búsqueda de la belleza: la poesía se convierte en el medio por el que el ser humano expresa su dolor. Con su léxico coloquial y violentísimo, sus metáforas agresivas de sabor surrealista y su forma voluntariamente antirretórica, transmite toda la angustia del absurdo de la vida, de la maldad del hombre, del miedo al vacío, a la soledad y a la muerte. Sus estructuras reiterativas y obsesivas nos envuelven en un círculo de dolor y caos.

FEDERICO GARCÍA LORCA

Federico García Lorca (1898-1936), por su desbordante personalidad, se convirtió en uno de los pilares del Grupo del 27. En él encontramos una vitalidad desatada junto a un profundo sentimiento de frustración. Es muy probable que en ello influyera su homosexualidad, y la imposibilidad de vivirla de un modo natural en el asfixiante ambiente moral de la época. Lorca murió asesinado al comienzo de la Guerra Civil, aunque jamás había militado en ningún partido ni había cometido delito alguno.

POESÍA

Para Lorca la poesía es a la vez inspiración y trabajo. Los grandes temas de su producción son el destino trágico, la muerte inevitable y el amor imposible. En sus primeras obras, *Poema del cante jondo* y *Romancero gitano*, sumó la influencia de la poesía popular, del surrealismo y del Modernismo. En ocasiones se ha criticado el *Romancero gitano* por considerar que insistía en los tópicos españoles más manidos y desgastados (los gitanos marginales, la guardia civil, la pena flamenca...), pero quien lo lea en profundidad descubrirá algo totalmente distinto: el pueblo gitano aparece convertido en el símbolo de las personas enfrentadas a su propio destino fatal. El dolor, la angustia, el amor y la presencia de una Andalucía trágica se manifiestan mezclando lo culto y lo popular.

Tras viajar a Estados Unidos, escribió *Poeta en Nueva York*. Nueva York lo sacudió y lo conmovió. Vio cómo el progreso se había convertido en una cárcel para el ser humano, en la negación de la naturaleza, del instinto, de la comunicación y de la felicidad. Para expresar su profundo dolor ante la injusticia y la deshumanización, empleó las técnicas surrealistas. Sus poemas son auténticos gritos de protesta, que emocionan y sorprenden. A veces las imágenes son de una violencia inusitada. Ya de vuelta en España, el torero Ignacio Sánchez Mejías, amigo íntimo de Lorca, murió corneado durante una faena. Al año siguiente el poeta escribió su *Llanto por Ignacio Sánchez Mejías*, una elegía conmovedora que combina los elementos populares con las innovaciones surrealistas. Los *Sonetos del amor oscuro* están dedicados a su último amor, probablemente Juan Ramírez de Lucas.

TEATRO

Lorca es posiblemente, junto a Valle-Inclán, el dramaturgo español más importante desde los Siglos de Oro y el primero en conseguir una tragedia auténtica, en la que el destino se impone a la libertad de los protagonistas. Aparte de escribir, Lorca era un enamorado del teatro y un entusiasta de su divulgación entre los más humildes. Consideraba que en el teatro español clásico residían valores educativos que no se debían negar a las personas del campo, de modo que, junto con otros idealistas como él, organizó un grupo teatral, La Barraca, con el que recorrió los pueblos durante un año representando a Cervantes, Lope y Calderón.

Lorca deseaba romper con el teatro burgués de la época. Según él, el teatro era "una escuela de llanto y de risa y una tribuna libre donde los hombres pueden poner en evidencia morales viejas o equívocas y explicar con ejemplos vivos normas eternas del corazón y del sentimiento del hombre". Por eso, se negó a seguir los gustos del público. Su primera obra, *El maleficio de la mariposa*, fue pateada porque el argumento y la técnica vanguardista estaban muy lejos de lo que el espectador de aquella época podía disfrutar. Su lirismo, su simbolismo y su extremada sensibilidad la convertían en una obra extraña. El protagonista es un insecto que se enamora de una mariposa y muere intentando alcanzarla.

Después escribió farsas para guiñol no destinadas a niños: *Tragicomedia de don Cristóbal y la señá Rosita* y *Retablillo de don Cristóbal*. Sus personajes muestran sensualidad, erotismo, codicia y violencia. En el *Retablillo*, don Cristóbal paga para casarse con Rosita, que desea acostarse con todos los hombres del mundo. En la noche de bodas, comienza a parir niños y su marido le atiza terribles golpes con la cachiporra. *La zapatera prodigiosa* continúa con la tradición de la farsa, pero se escribe para actores de carne y hueso.

Sus dramas son de enorme calidad. *Mariana Pineda* recupera la figura de una mujer que fue ejecutada en el siglo XIX por sus ideas liberales y *Doña Rosita la soltera o el lenguaje de las flores* muestra la paulatina destrucción de una mujer abandonada por su novio, que se niega a reconocer su situación y se convierte en motivo de burla o compasión en su pueblo.

La gran aportación del teatro lorquiano son las tragedias. Si en las tragedias clásicas el destino venía del exterior (un dios, un oráculo, la ley), en las de Lorca viene de las entrañas, del subconsciente. Lorca recuperó la figura del coro griego, pero, en lugar de separarlo de los actores, lo integró en la obra misma con la función de prevenir sin éxito al protagonista y a otros personajes. Lorca concibió *Bodas de sangre* tras leer una noticia en el periódico. Esta tragedia cuenta cómo, el mismo día de su boda, la novia escapa con su antiguo novio, Leonardo. El marido los encuentra y los dos hombres se matan a navajazos. Mezcla verso y prosa y elementos verosímiles con fantásticos, poniendo, por ejemplo, a la luna como personaje. *Yerma* presenta la angustia de una mujer casada que ansía sobre todas las cosas tener hijos y no puede. El argumento no se desarrolla linealmente, sino que se compone de una sucesión de escenas en las que se manifiesta el deseo y la frustración de la protagonista. Yerma se siente culpable por su infertilidad, pero a la vez sospecha que la esterilidad proviene de su marido, Juan, y que podría tener hijos con Víctor, su amigo de la infancia, aunque sus principios morales le impiden mantener relaciones con él. Su frustración se desata asesinando a su marido, que no muestra ningún interés en tener descendencia. Al matarlo, Yerma aniquila su única posibilidad de ser madre, dado el ambiente en el que vive y su propia moral. En *La casa de Bernarda Alba*, tras la muerte de su segundo marido, Bernarda impone a sus cinco hijas un luto riguroso, que las aísla del mundo. Angustias, la mayor, es hija del primer marido y va a heredar una fortuna, pero las otras cuatro no. Por eso Pepe el Romano, del que están enamoradas todas las hermanas, va a casarse con ella. Sin embargo, Pepe mantiene a la vez una relación con la pequeña, Adela, que se atreve a desafiar el poder de su madre. El conflicto entre las mujeres provoca la catástrofe: Adela se suicida creyendo que su madre ha matado a Pepe. La obra tiene una estructura circular: Bernarda comienza la pieza mandando callar y termina del mismo modo. Los temas fundamentales son la opresión, la negación del derecho de una persona a luchar por sus deseos y la moral hipócrita en la que pesan más las apariencias que la verdad.

TEATRO COMERCIAL DE PREGUERRA

Mientras Valle-Inclán y Lorca intentaban renovar la dramaturgia con sus obras atrevidas y rupturistas, la escena española se mantenía dominada por obras comerciales de escasas aspiraciones literarias. El público burgués de la época pedía un teatro costumbrista, sensiblero o cómico, en el que el autor no se comprometía ideológicamente. Los decorados y los ambientes intentaban copiar la realidad y apenas había espacio para la fantasía.

Eduardo Marquina y **Francisco Villaespesa** tienen una fuerte influencia modernista y producen un teatro de tema histórico y palabras grandilocuentes. **Carlos Arniches** se especializó en sainetes, piezas breves y humorísticas, protagonizados por las clases populares madrileñas, de quienes tomó su particular argot, a la vez que inventaba palabras que entraron en el léxico de los españoles. Los **hermanos Álvarez Quintero** se dedicaron a un teatro costumbrista que reflejaba los tópicos andaluces. **Jacinto Benavente** triunfó con la comedia de salón o alta comedia, en la que se mostraban las costumbres y los defectos (de forma amable) de los burgueses. Lo obra más famosa de Benavente es *Los intereses creados*, en la que el verdadero amor vence al interés del matrimonio de conveniencia.

POESÍA TRAS LA GUERRA

MIGUEL HERNÁNDEZ

Miguel Hernández (1910-1942) se alistó en el bando republicano durante la Guerra. Al finalizar el conflicto fue condenado a muerte, aunque se le conmutó la pena por 20 años de cárcel. Las duras condiciones de la prisión minaron su salud y murió de tuberculosis. Fue un poeta de voz personalísima y difícil de clasificar. Su obra, como la de los autores del 27, parte de la unión entre poesía pura, vanguardia, tradición popular y clasicismo, pero pronto encontró su propio camino literario. Miguel Hernández tiene una técnica muy depurada capaz de conmover, pues transmite sentimientos vehementes, arrebatados y sinceros.

Su primer libro, *Perito en lunas*, tiene gran influencia de Góngora y de las vanguardias. En este poemario, la luna simboliza fecundidad y vida. *El rayo que no cesa*, que incluye "Elegía a Ramón Sijé", es un conjunto de poemas amorosos fuertemente influidos por Garcilaso de la Vega. El amor es un rayo que sacude el corazón, que inunda el alma de sufrimiento y pasión, que da sentido a la vida. Aparecen en la obra motivos campesinos, elementos sensuales y también alusiones al destino trágico.

La Guerra Civil hizo que su poesía se orientara al compromiso social e ideológico. *Viento del pueblo* se abre con una elegía dedicada a Lorca, tras su asesinato. Sin abandonar el tema del amor, aparecen poemas cargados del deseo de combatir la injusticia y luchar hasta conseguir un mundo justo. *El hombre acecha* es un libro lleno de amargura, en el que se presiente la derrota de los valores políticos y sociales que el autor defiende.

La mayor parte de los versos de *Cancionero y romancero de ausencias* fueron escritos ya en prisión. Al dolor del poeta por la derrota y por la cárcel, se le suma la muerte de su primer hijo y la situación de pobreza que afrontan su mujer y su otro hijo. Las formas de su poesía se vuelven muy sencillas. Bajo la aparente espontaneidad se encuentra la sabiduría de un poeta que ha logrado poemas concentrados, sobrios, impactantes y conmovedores. Uno de los poemas más emotivos de este poemario es "Las nanas de la cebolla", una canción de cuna que escribió para su hijo, tras enterarse de que su esposa sólo podía comer pan y cebolla. En este poema, a pesar del inmenso dolor, hay un espacio para la alegría y la esperanza.

POESÍA ARRAIGADA, CÁNTICO, POSTISMO Y POESÍA DESARRAIGADA

Los poetas de ideología más cercana al falangismo triunfante constituyeron una corriente que suele denominarse poesía arraigada o formalismo, puesto que dieron mucha importancia a la forma del poema y suelen recurrir a la métrica clásica. Su poesía aborda temas como el amor, la patria o la religión. Sus principales representantes son **Luis Rosales**, **Dionisio Ridruejo** y **José García Nieto**.

A mediados de los 40 surgió el Grupo Cántico, formado por poetas como **Pablo García Baena**, que pretendía recuperar la poesía pura y la senda de la Generación del 27. Por las mismas fechas un grupo de pintores y poetas, entre los que destaca **Carlos Edmundo de Ory**, elaboró el manifiesto del postismo, con el que deseaba continuar con el espíritu del surrealismo y la irracionalidad.

Frente a las anteriores formas líricas, se escribió una poesía atormentada, cargada de angustia y de contenidos existencialistas, a la que suele llamarse poesía desarraigada. Su principal iniciador es **Dámaso Alonso**.

POESÍA SOCIAL

En la década de los 50, los poetas comenzaron a desarrollar una poesía social y comprometida, que pretendía denunciar las injusticias y llegar a los lectores más humildes.

BLAS DE OTERO

Blas de Otero (1916-1979) buscó obstinadamente el sentido de la existencia, por lo que experimentó grandes cambios en sus ideas. Peleó en la Guerra Civil del lado franquista y fue un cristiano convencido, pero una crisis ideológica lo llevó a cuestionarse sus valores y su fe e ingresó en el Partido Comunista. Comenzó escribiendo poesía arraigada, como en *Cántico espiritual*, pero, tras su crisis, se convirtió en una de las voces imprescindibles de la poesía desarraigada. En *Ancia*, unión de *Ángel fieramente humano* y *Redoble de conciencia*, los protagonistas son el poeta y Dios; un dios lejano y oscuro, al que el poeta grita en busca de consuelo; un dios que responde con silencio, porque el sufrimiento humano le resulta indiferente. Expresa la angustia ante un mundo sin sentido con un lenguaje violento y conceptista, con dichos populares y juegos de palabras. Hay también una clara intertextualidad bíblica en los ritmos, las sentencias y las imágenes.

Pido la paz y la palabra supone la apertura a la poesía social y el paso del yo al nosotros. Los problemas existenciales, sin llegar a desaparecer, son sustituidos por otros asuntos: la denuncia de la injusticia y de la ausencia de libertad, la invitación a la solidaridad y la esperanza en que el ser humano solucione sus propios problemas sin necesidad de Dios. Otero denunció la miseria de la sociedad de los años 50, siempre con la esperanza de vencerla. Concebía su poesía como una herramienta para conseguir un mundo más habitable y fraterno, en el que los españoles se reconciliaran y vivieran pacíficamente. Los poemas tienen un léxico sencillo, pero, para burlar la censura, abundan el doble sentido, la ambigüedad y los juegos de palabras.

En castellano y *Que trata de España* muestran una mayor simplificación y un compromiso político aún más claro. Se multiplican los juegos de palabras, los silencios esclarecedores, las ironías y los símbolos. Otero se embarcó en una renovación de la forma, hacia el verso libre, e integró elementos cada vez más vanguardistas. Empleaba fragmentos o alusiones a obras de otros autores para charlar con ellos, para parodiar aquello de lo que se burlaba y para homenajear a los poetas que admiraba. Blas de Otero nunca dejó de escribir poesía comprometida, pero en su última etapa aparece con fuerza el amor, cargado de erotismo y de sensualidad.

GABRIEL CELAYA

Gabriel Celaya (1911-1991) destaca como poeta social. Su lenguaje es especialmente vehemente, agresivo y violento. Aplica a los temas existenciales y sociales la fuerza del surrealismo en *Tranquilamente hablando* y *Cantos íberos*, donde reclama una poesía para los más oprimidos, ajena al mundo cultural y comprometida. Celaya, que concibe la poesía como un arma cargada de futuro, quiere que sus palabras cambien el mundo y provoquen actos de rebeldía en quienes las leen.

JOSÉ HIERRO

José Hierro (1922-2002) es un poeta muy original y difícil de clasificar. Son muy característicos de su poesía los versos cortados bruscamente y los incesantes encabalgamientos. Inventó dos subgéneros poéticos: el *reportaje*, que narra historias cotidianas de modo racional y realista, y la *alucinación*, que es irracional, sonámbula, visionaria y muestra todo "como envuelto en niebla". En *Tierra sin nosotros* predominan los temas existenciales; en *Cuanto sé de mí* estos problemas se proyectan sobre la colectividad de los hombres y se desarrolla el tema social.

POESÍA TRAS LOS 50

GRUPO POÉTICO DE LOS 50

Poetas como **Ángel González**, **José Agustín Goytisolo** y **Claudio Rodríguez** mantienen el compromiso social, pero se inclinan por el humor y la ironía, sin renunciar a lo personal o lo familiar. Gustan de los juegos de palabras, el prosaísmo y el tono conversacional.

LOS NOVÍSIMOS

A la Generación de los 70 se les llamó también los Novísimos. El nombre parte de una antología de José María Castellet: *Nueve novísimos poetas españoles*. Los Novísimos nunca formaron un grupo, aunque sí compartían la idea de que la poesía debía buscar la creatividad y la originalidad, y alejarse del tono conversacional que derivaba en falta de calidad y técnica. Muchos de sus componentes ven con desconfianza la poesía de posguerra y se remontan a otras tendencias anteriores para usarlas como modelo. A menudo emplean su poesía para hablar de la poesía. Reciben influencia de la música rock y pop, del cómic y del cine. En sus versos exhiben sus conocimientos culturales. Los novísimos más valorados son **Pere Gimferrer**, **Ana María Moix**, **Guillermo Carnero** y **Leopoldo María Panero**.

DESDE LOS 80 HASTA HOY

En los años 80 y 90 surgen tantas líneas poéticas que resulta imposible cuantificarlas o clasificar en ellas a los distintos autores que, además, suelen resistirse a ser encasillados bajo un rótulo. No obstante, la crítica ha acuñado un término, POESÍA DE LA EXPERIENCIA, para referirse a una de las tendencias principales. Estos autores buscan la esencia poética en la vida cotidiana, en la anécdota personal y en la experiencia íntima. Emplean un lenguaje sencillo, con algún toque culto, a veces para crear humor. Los temas son urbanos y próximos: los bares, las relaciones con los amigos, la experiencia de leer un libro o de ver una película, etc. Entre los autores más destacados se encuentran **Luis Alberto de Cuenca**, **Luis García Montero**, **Carlos Marzal** y **Ana Rosseti**. Junto a esta opción, se sigue cultivando una POESÍA VANGUARDISTA, de difícil lectura, como la que refleja la antología *La prueba del nueve*. Encontramos también una TENDENCIA NEOSURREALISTA, de lenguaje oscuro, imágenes insólitas e irracionalismo, que se siente cercana al 27. Entre estos poetas destacan **Blanca Andreu** (*De una niña de provincias que se vino a vivir en un Chagall*) o **Amalia Iglesias** (*Memorial de Amauta*). Estas líneas no son incompatibles entre sí. Por ejemplo, **Fernando Beltrán** (*Donde nadie me llama*) no renuncia a la poesía de la experiencia ni a los contenidos sociales, pero introduce claros elementos neosurrealistas.

Desde finales de los 90 a nuestros días existen infinitas tendencias poéticas. Una de ellas es la llamada POESÍA DE LA CONCIENCIA, que se presenta en oposición a la de la experiencia. Autores como **Jorge Riechmann** expresan un fuerte compromiso ideológico en su vida personal, consideran el mundo actual inhabitable y estiman que la poesía debe constituir el arma para cambiarlo. El poeta debe permanecer vigilante ante los problemas asociados al neoliberalismo y la obsesión por el consumo. Hay una constante preocupación por el dolor ajeno, por la ecología y por la enajenación del hombre moderno. Se ha calificado a esta poesía de política, pero sus autores no aceptan el adjetivo, porque entienden que aplicárselo a su creación sería tanto como considerar que el resto de los poetas no hacen política y, sin embargo, para ellos, no tomar ninguna opción política es la más clara de las opciones políticas. Otros autores de la poesía de la conciencia son **Isabel Pérez Montalbán**, **Enrique Falcón**, **Juan Carlos Suñén** y **Antonio Orihuela**.

TEATRO TRAS LA GUERRA

Por requerir de un espacio para la representación y ser un espectáculo público, el teatro fue mucho más vulnerable a la censura que la novela y la poesía. El gobierno franquista promovió el teatro con fines propagandísticos mediante los teatros públicos (Español y María Guerrero), la convocatoria del Premio Lope de Vega para autores inéditos y la creación del grupo TEU, Teatro Español Universitario. El teatro oficialista servía para evadirse de la difícil situación del país y fomentaba los valores morales imperantes. **José María Pemán** representa el teatro vinculado a la ideología franquista, de tema religioso, histórico o costumbrista. *La casa*, un drama de tesis, es su obra más conocida.

ALEJANDRO CASONA

Alejandro Casona (1903-1965) optó por el exilio. Era maestro de profesión y por ello dio a su obra un marcado carácter educativo. *Nuestra Natacha* narra la historia de una joven que logra doctorarse en Pedagogía y decide aplicar en una institución penitenciaria de mujeres sus ideas novedosas (basadas en las de la Institución Libre de Enseñanza, tan admirada por Casona). *La dama del alba* es un drama con elementos fantásticos protagonizado por la Muerte, una mujer que se ve obligada a llevarse a quienes le ordenen.

ENRIQUE JARDIEL PONCELA

Enrique Jardiel Poncela (1901-1952) cultivó el humor del absurdo, la ironía y la agudeza. Se oponía al humor tradicional y al teatro costumbrista y sentimental. Sus obras poseen un marcado intelectualismo, pero son capaces de interesar a todo tipo de público. Gustaba de inventar situaciones inverosímiles y llevarlas al límite para luego solucionarlas de un modo ingenioso. A menudo introduce asuntos detectivescos y parodia las obras de intriga. En *Eloísa está debajo de un almendro*, Fernando y Mariana, prometidos en matrimonio, se encuentran envueltos en el misterio de la desaparición muchos años atrás de una mujer, Eloísa, que guardaba un enorme parecido con Mariana. En *Los habitantes de la casa deshabitada*, un hombre y su chófer sufren una avería de coche y se ven obligados a refugiarse en una mansión en la que presencian sucesos extrañísimos.

ALFONSO PASO

Alfonso Paso (1926-1978) fue un escritor de gran éxito que cultivó todo tipo de obras: moral, costumbrista, histórica, etc. En *Enseñar a un sinvergüenza* cuenta la historia de Rosana, una profesora muy estricta y de moral inflexible que se enamora de un vividor. La obra se mantuvo en escena, ininterrumpidamente, durante más de quince años, interpretada siempre por el mismo actor principal.

MIGUEL MIHURA

Miguel Mihura (1905-1977) es uno de los grandes renovadores del humor español y un anticipador del teatro del absurdo. Su primera y gran obra, *Tres sombreros de copa*, escrita en 1932, no llegó a representarse hasta 1952 porque los empresarios la juzgaban demasiado novedosa, arriesgada e incomprensible. Hoy en día es considerada una obra maestra. Su protagonista, Dionisio, símbolo de la vida anodina, va a casarse al día siguiente con una muchacha de buena familia a la que no ama. En el hotel donde se hospeda, unas bailarinas han organizado una fiesta con los señores más acaudalados de la localidad. Paula, una de las bailarinas, quiere estafar a Dionisio, como hace con los demás burgueses, pero ambos se enamoran. Dionisio descubre que existe un mundo más allá del severo cumplimiento de la rígida moral y de las obligaciones absurdas. Un mundo en el que cabe la alegría, la irracionalidad y el amor. Sin embargo, Dionisio opta finalmente por casarse con su novia y condenarse a la rutina. El tema fundamental de la obra es el conflicto entre el deseo y la realidad, entre la felicidad y la seguridad, entre la obligación y la ilusión.

Tras la mala experiencia con *Tres sombreros de copa*, Mihura decidió renunciar a la innovación y adaptarse a lo que el público y los empresarios demandaban. Sus siguientes obras, casi siempre dirigidas por él mismo, buscan un humor inteligente, satirizan la hipocresía y abordan el tema de la libertad. En *Sublime decisión*, Florita se atreve a buscar un trabajo en la administración, en un tiempo en el que el ámbito laboral estaba limitado a los hombres. En *Maribel y la extraña familia*, un rico empresario que no sabe nada de la vida se enamora de una prostituta, sin sospechar que lo es. A la crítica social y el humor basado en lo absurdo se une la parodia de la literatura policiaca o de intriga. Mihura escribió, con Juan Antonio Bardem, el guión de una de las películas más importantes del cine español, *¡Bienvenido, Mr. Marshall!*

TEATRO EXISTENCIAL Y SOCIAL

En los años 60, el régimen franquista comenzó a dar señales de apertura. Una nueva generación de dramaturgos incluyó en sus obras elementos existenciales y sociales. Autores como **Lauro Olmo**, en *La camisa*, pretenden denunciar la injusticia.

ANTONIO BUERO VALLEJO

Antonio Buero Vallejo (1916-2000) representa una línea de denuncia social denominada *posibilista* porque no traspasa las fronteras de lo tolerado por el régimen. Es muy habitual que Buero intente, mediante recursos escénicos, meter al espectador dentro de la conciencia de los personajes. Su mensaje refleja una profunda confianza en el ser humano y una sincera identificación con los más desfavorecidos.

Historia de una escalera marca una nueva etapa del teatro español al alejarse tanto del teatro comercial como del teatro innovador de García Lorca y Valle-Inclán. En la obra, las tres generaciones que habitan los pisos unidos por la escalera comparten un destino común, puesto que, en el abrumador ambiente de la España posterior a la Guerra, resulta imposible que puedan prosperar y abandonar aquel espacio de miseria. Los personajes saben que sus sueños nunca se podrán realizar y son incapaces de encontrar sentido a su vida. Su lenguaje directo y sencillo aumenta la verosimilitud de lo representado. *El concierto de san Ovidio* reflexionaacerca de la libertad, a partir de unos ciegos que forman una orquesta. En las obras de Buero Vallejo suelen aparecer personas con problemas de visión, o con otras taras físicas o psicológicas, que simbolizan la imposibilidad del hombre de ver lo importante o de enfrentarse al mundo hostil que lo rodea. Buero escribe varias obras que recuperan personajes de la historia de España con el fin de reflexionar acerca de su presente; *Un soñador para el pueblo* tiene como protagonista al ministro de Carlos III, Esquilache, que quiso mejorar las condiciones de vida del pueblo y fue derrotado por la ignorancia de los débiles y la conjura de los poderosos. En *La fundación*, Tomás ha sido condenado a muerte por repartir propaganda subversiva. Sometido a tortura, revela el nombre de sus compañeros e, incapaz de soportar el remordimiento, enloquece.

ALFONSO SASTRE

Alfonso Sastre (1926-) opta por un teatro más combativo que el de Buero Vallejo, a quien criticó por su blandura en la oposición al régimen dictatorial. Tiempo después admitió que su concepto revolucionario tampoco contribuyó a cambiar la España de Franco, puesto que resultaba imposible estrenar allí sus obras. Sastre comienza con obras existenciales (*Escuadra hacia la muerte, La mordaza*), continúa con obras de realismo crítico (*El cubo de la basura, Muerte en el barrio*), sigue con otras de "distanciamiento épico" (*Asalto nocturno*) y finalmente escribe "tragedias complejas" que mezclan el absurdo, la caricatura, el expresionismo, el distanciamiento y el esperpento (*La taberna fantástica*). En *Escuadra hacia la muerte*, un cabo y cinco soldados, que han cometido diversas faltas, son obligados a asumir una misión suicida. El cabo intenta obligarlos a cumplir lo ordenado y ellos lo matan. A partir de ahí, cada soldado obtendrá la libertad y deberá escoger qué hacer con ella: asumir el asesinato, suicidarse o huir.

TEATRO EXPERIMENTAL

A partir de los 60, mientras la tendencia social continuó desarrollándose, otro grupo de autores comenzó a escribir obras de carácter experimental.

Francisco Nieva (1924-) divide su teatro en dos: el *teatro furioso* y el *teatro de farsa y calamidad*. El primero, de carácter coral, tiene, según Nieva, cuatro características: rapidez de acción, sorpresa, retórica burlona y énfasis satírico. En este grupo destaca *La carroza de plomo candente*. *Malditas sean Coronada y sus hijas* es ejemplo del segundo. El argumento es más explícito y tiene un desarrollo más lineal; el lenguaje se hace menos violento y barroco y pasa a ser más preciso y más funcional; por último, aparecen elementos a los que el autor llama góticos, como la magia, el sueño y los personajes románticos. Nieva suele teorizar sobre su teatro. Recientemente, el autor rebautizó varias obras de su teatro furioso como *reóperas*. Entre ellas está *Pelo de tormenta*.

Fernando Arrabal (1932-) reside en Francia y muchas de sus obras se han estrenado antes en francés. Escribe un teatro alejado del realismo y próximo a las ideas surrealistas. Sus obras rompen con la lógica, adoptan un lenguaje infantil y carecen en muchas ocasiones de argumento. Quiere crear un *teatro pánico*: no porque cause terror, sino porque lo incluya todo (*pan*, en griego, significa *todo*). Busca la imaginación, la libertad creadora y la provocación, como vemos en *Pic-nic* y *El cementerio de automóviles*.

TEATRO INDEPENDIENTE Y ACTUAL

Desde los años 60 se han desarrollado grupos de teatro independiente que representan obras de autores extranjeros y españoles que no tienen cabida en el círculo comercial. Algunos grupos componen sus propias obras, o retocan las ajenas, en ocasiones con la colaboración del propio autor. Por ello, el acto de ensayar cobra tanta importancia creativa que lleva en ocasiones a cambiar el texto. Su escenografía suele ser muy sobria, bien por elección estética, bien por las precarias condiciones en las que desarrollan su tarea. A la muerte de Franco en 1975, existían más de cien de estos grupos. Algunos de los más destacados, como Tábano y Teatro Estudio de Madrid, desaparecieron. Otros, como Los Goliardos, Els Joglars y Els Comediants, siguen representando en la actualidad.

Tras la caída de la dictadura y el fin de la censura se preveía un despegue del teatro, pero no fue así. El teatro ha ido perdiendo espectadores, los autores contemporáneos apenas han encontrado lugar en los escenarios y se ha optado por la representación de clásicos. Puesto que los teatros tradicionales no dejan espacio para la novedad, los textos dramáticos que pretenden transmitir nuevas ideas se han refugiado en las *salas alternativas*, a las que acuden casi en exclusiva intelectuales o personas vinculadas a estas compañías. Muchos textos no llegan nunca a publicarse, o lo hacen en revistas de escasa tirada. Algunas compañías han desarrollado espectáculos teatrales en los que el texto resulta irrelevante o inexistente. Entre los autores actuales de teatro, apenas un par de nombres resultan conocidos para el público en general. Posiblemente, entre las causas de este declive del teatro, se encuentren la competencia del cine y la televisión y el alejamiento de ciertas compañías del público, por presentar obras vanguardistas poco accesibles. Las administraciones públicas han invertido una considerable cantidad de dinero en promover el teatro, con poco éxito, a excepción de la revitalización de los clásicos, tanto españoles como extranjeros. La creación del Centro Dramático Nacional, la Compañía Nacional de Teatro Clásico y el Centro Nacional de Nuevas Tendencias Escénicas han servido para ello. En los últimos años, los musicales, algunos de ellos adaptaciones de Broadway, se han hecho muy populares.

José Luis Alonso de Santos (1942-) que provenía del teatro independiente, escribió *La estanquera de Vallecas*, una obra costumbrista, comprometida, con lenguaje familiar, sentido del humor y desenlace trágico. En ella, dos hombres (un albañil en paro y un joven) atracan un estanco, pero su dueña se resiste. Los atracadores, acosados por los vecinos y la policía, se ven obligados a encerrarse con la estanquera y su sobrina. Atracadores y víctimas hablan entre ellos y se dan cuenta de que son víctimas de los mismos problemas sociales. También *Bajarse al moro* aborda en clave de comedia un asunto de actualidad: el de los jóvenes que bajan a Marruecos para comprar droga con la que luego trafican.

José Sanchís Sinisterra escribe siguiendo tres líneas básicas: adaptaciones de clásicos, obras experimentales y dramas históricos. Entre sus obras destaca *¡Ay, Carmela!* **Paloma Pedrero**, autora de *Invierno de luna alegre*, emplea a menudo el teatro dentro del teatro y cuestiona la relación entre los sexos. Sus temas giran en torno a la frustración, la soledad y los problemas de índole psicológica. **Sergi Belbel** aborda la dificultad de la comunicación en *Caleidoscopios y faros de hoy*. **Juan Mayorga**, autor de *Siete hombres buenos*, elabora un teatro comprometido.

El aislamiento de España, el exilio de algunos de los mejores novelistas y la censura se tradujeron en una narrativa que abandonó el camino de la innovación durante dos décadas y se alejó de las nuevas corrientes mundiales.

NARRATIVA EN EL EXILIO

Ramón J. Sender (1901-1982) describió en *Imán* la sangrienta Guerra de Marruecos, en la que se vio obligado a participar. El protagonista se gana el apodo de Imán porque atrae la desdicha. La novela presenta su degradación absoluta: el horror del combate, los abusos del ejército y la sinrazón de una disciplina absurda que convierten a un hombre joven y lleno de energía en un auténtico despojo. La obra posterior de Sender es especialmente variada, tanto en argumentos como en técnicas. *Crónica del alba* es un conjunto de nueve novelas autobiográficas en las que el autor relata, a través de un personaje, sus experiencias desde su infancia a la Guerra Civil. *La aventura equinoccial de Lope de Aguirre* presenta la epopeya americana de este personaje excesivo, cruel y heroico.

Max Aub (1903-1972) escribió, bajo el título de *El laberinto mágico*, un ciclo de seis novelas sobre la Guerra Civil. En ellas narró todos los aspectos del conflicto, desde su génesis hasta el exilio, mostrando un compromiso con la libertad y con quienes lo dieron todo por ella. En Aub destacan el cuidado por la técnica y la importancia que otorga a los personajes secundarios.

Francisco Ayala reflexiona en sus cuentos (*La cabeza del cordero*) y novelas (*Muertes de perro*) acerca de la maldad humana, el abuso del poder, la violencia y la degradación de los valores, empleando para ello la ironía, la burla y la parodia. **Arturo Barea** narra en su trilogía *La forja de un rebelde* la vida del hijo de una lavandera madrileña durante la Guerra de Marruecos, la Segunda República y la Guerra Civil. **Rosa Chacel** escribió *Barrio de Maravillas*, una novela intimista e intelectual con elementos autobiográficos.

NOVELA EXISTENCIALISTA

Durante los años 40 hubo varias tendencias. Los escritores próximos a la ideología de los vencedores de la guerra escribieron una novela propagandística que exaltaba la heroicidad de los combatientes derechistas y presentaba al falangismo como el sistema ideal de gobierno. Por otro lado, hubo una novela de mayor calidad que es realista y aborda la angustia existencial. Se centra en las vivencias de un protagonista asfixiado por una vida sin sentido, enfrentado a la miseria, a la indiferencia ajena y a la soledad.

Carmen Laforet (1921-2004) obtuvo la fama con la novela *Nada*, que alcanzó gran éxito entre la crítica y los lectores. Se trata de una obra con claros elementos autobiográficos, aunque Laforet siempre lo ha negado: autora y protagonista tienen edades semejantes, ambas viajan a Barcelona para estudiar letras, ambas viven en una casa de la calle Aribau con su familia y ambas se marchan a Madrid. Cuando Andrea llega a Barcelona, tiene que compartir casa con sus tíos, enfrentados entre sí. El ambiente en el que vive constituye una dura metáfora de la Guerra Civil y sus consecuencias: la destrucción del país, el enfrentamiento entre hermanos y la falta de estímulos para mirar hacia adelante en unos personajes que se han anclado en el rencor por lo sucedido en el pasado. Se trata de un texto altamente descriptivo que hace patente la oscuridad, la cerrazón y la decadencia del microcosmos en el que vive Andrea. Lejos de idealizar el ambiente que la rodea, la protagonista nos muestra su contexto histórico, el de la dura posguerra. Aunque no ahonde en el contenido social, algunos críticos han querido ver en esta novela un anticipo de la que se escribiría en la década siguiente.

NOVELA SOCIAL

La novela de los años 50 se inclinaba hacia el realismo social, aunque no renunció al existencialismo anterior. Algunos escritores buscaban la objetividad mientras otros intentaban esquivar la censura en lo posible para manifestar críticas al régimen y a la injusticia. El protagonista pasa a ser colectivo: la mayor parte de los personajes representan la clase social a la que pertenecen. La acción tiende a reflejar la vida cotidiana, a centrarse en un espacio muy concreto y bien caracterizado y a desarrollarse en un breve espacio de tiempo. En estas novelas, fáciles de comprender y poco innovadoras, predomina el diálogo.

En *El Jarama*, **Rafael Sánchez Ferlosio** describe de modo objetivo a unos jóvenes de ciudad que van de excursión al río. Se limita a exponer cómo es cada uno, sobre todo a través de sus conversaciones. Mucho más crítico es **Ignacio Aldecoa**, autor *El fulgor y la sangre*, que pretende mostrarnos la asfixia moral y económica en la que viven los españoles durante la posguerra. También desde una postura muy crítica, **Jesús Fernández Santos** refleja la vida en el campo español en *Los bravos*.

NOVELA EXPERIMENTAL

Durante los años 60, los escritores parecen fatigados por una novela de escasas aspiraciones literarias y lamentan haber renunciado a las nuevas técnicas para llegar a los lectores, no con el fin de vender más, sino de que su crítica social calara en todos los ámbitos. La novela se abre a las corrientes exteriores y opta por experimentar: llega la influencia de Proust, Kafka, Faulkner y Joyce. Sin abandonar los problemas existenciales ni sociales, los autores expresan una mayor variedad temática y dejan un espacio para el humor, el mundo de los sueños y la ambigüedad. En ocasiones se cambia durante la novela de narrador y de punto de vista. Rompen con la estructura lineal del tiempo, vuelven a un protagonista individual a menudo desorientado y castigado por la soledad, sustituyen los capítulos por estructuras más breves y menos articuladas (secuencias o fragmentos que no llevan título ni van numerados) y buscan siempre un lector activo, capaz de montar las piezas del puzzle que le ofrecen. Emplean a menudo el estilo indirecto libre y el monólogo interior para imitar el desorden con el que las ideas vienen a nuestro cerebro. Rompen además con las normas sintácticas, e incluso prescinden de los signos de puntuación.

Juan Benet, en *Volverás a Región*, crea un espacio imaginario, reflejo de España. Con un estilo muy barroco, basado en frases larguísimas, detiene la acción para recrearse en la descripción del mundo interior de los personajes, de sus motivos y de los paisajes que los rodean, de marcado carácter simbólico y mítico. **Gonzalo Torrente Ballester** mezcló realidad y mito en *La saga/fuga de J. B.*, con un lenguaje cuidadoso y preciso. **Juan Marsé**, en *Últimas tardes con Teresa*, recupera al narrador omnisciente para criticar a la burguesía catalana, supuestamente progresista y en realidad hipócrita, con una historia de amor entre dos personas de clases sociales diferentes.

LUIS MARTÍN SANTOS

La obra cumbre de esta década y la primera que rompe definitivamente con las tendencias anteriores es *Tiempo de silencio*, de Luis Martín Santos (1924-1964). Su protagonista, Pedro, un médico dedicado a la investigación del cáncer, ve cómo mueren los últimos ratones que necesita para sus experimentos. Un empleado le confiesa que le había robado una pareja, con el ánimo de venderle después las crías, y que un amigo suyo que vive en una chabola, el Muecas, ha conseguido que se reproduzcan. En el ambiente de profunda miseria de las chabolas, el médico comprueba que dice la verdad. Sin quererlo, se ve envuelto en la muerte de la hija del Muecas, a quien su padre ha dejado embarazada y ha practicado un aborto que le ha hecho perder mucha sangre. La novela presenta un recorrido desolador por las clases más humildes y por las clases medias: el ambiente de miseria económica y moral, la falta de objetivos en la vida y la condena de las personas a una rutina embrutecedora. En la obra se mezclan todos los registros posibles del lenguaje: desde los tecnicismos médicos al habla marginal. Muestra una agresiva ironía y un alto grado de sarcasmo. *Tiempo de silencio* introduce en la narrativa española todos los instrumentos narratológicos que ya habían triunfado en el extranjero y consigue, además, aplicarlos a una historia desgarradora que aúna el componente social y el existencial.

CAMILO JOSÉ CELA

Camilo José Cela (1916-2002) combatió en el lado franquista durante la Guerra Civil. Fue funcionario y censor de novelas. Recibió el Premio Nobel en 1989. *La familia de Pascual Duarte* abrió el camino a la novela existencial y es su más importante novela tremendista. El tremendismo presenta la vertiente más brutal del ser humano: las personas se comportan como animales y son capaces de los crímenes más atroces. La obra está influida por la picaresca, el esperpento de Valle-Inclán y el Naturalismo. El protagonista, Pascual, es un campesino que ha nacido en la miseria. Desde la cárcel, condenado a muerte, relata sus trágicas experiencias. Los detalles de su vida son tremendos: su padre es violento; su madre alcohólica es incapaz de manifestar ningún sentimiento de cariño; Pascual dispara a su perra sin razón alguna; a su hermano menor, que sufre un retraso mental, unos cerdos le comen las orejas y el amante de su madre le patea las heridas; sus dos hijos mueren, uno antes de nacer y el otro a los once meses; apuñala a un hombre y mata a otro, etc. La lista de calamidades es interminable, pero, con mucho, la escena más terrible es aquélla en la que degüella a su madre, después de que ella le arranque un pezón de un mordisco.

La otra gran novela de Cela, *La colmena*, supuso un giro clave en la literatura española. Se trata de una obra que se orienta hacia contenidos sociales. Se divide en secuencias breves que reflejan la vida de varios centenares de madrileños durante tres días. Las historias que se relatan quedan inconclusas, puesto que el autor pretende reflejar el absurdo de la vida humana. Se pasa de una escena a otra y de unos personajes a otros sin ninguna indicación, de modo que es el lector quien debe organizar los elementos que se le ofrecen para dar sentido a decenas de historias cruzadas. Los personajes viven en un presente eterno que se pinta como su destino: no hay lugar para el cambio, ni para las esperanzas, ni para los sueños. Es una novela pesimista que presenta la bajeza del ser humano, malo por naturaleza. El personaje más importante de la obra es Martín Marco, un intelectual sin trabajo que malvive del préstamo y de la caridad ajena. Otros personajes inolvidables son doña Rosa, una mujer sin corazón, Victoria, que se acuesta con otros hombres para conseguir el dinero que pueda pagar la curación de su novio enfermo, o el señor Suárez, perseguido por la policía debido a su condición de homosexual.

MIGUEL DELIBES

Miguel Delibes (1920-2010) trabajó como periodista antes de dedicarse en exclusiva a la literatura. Su humanismo cristiano queda claramente reflejado en sus obras, en las que encontramos una identificación sistemática con los más débiles y oprimidos, una denuncia de los que abusan de ellos y una continua crítica de la hipocresía religiosa. Esta postura lo lleva a publicar artículos que lo enfrentan con el gobierno franquista. Miguel Delibes era un enamorado del campo y de sus gentes, de la caza y de la vida en armonía con la naturaleza, por eso denuncia el progreso concebido sin tener en cuenta las necesidades del ser humano ni el medio ambiente. Delibes fue siempre un hombre discreto que rehuyó la polémica y se mantuvo firme en sus convicciones. Su crítica de una sociedad burguesa, mercantilista, orientada al beneficio económico y olvidada de la responsabilidad moral hacia los más vulnerables parte de un profundo amor hacia el ser humano. Estilísticamente, emplea un vocabulario claro y preciso que, a pesar de su riqueza y variedad, llega a un gran número de lectores.

La sombra del ciprés es alargada refleja preocupaciones existenciales con un estilo lineal y sobrio. Pedro, el protagonista, huérfano desde niño, es educado por un maestro pesimista que le enseña que el único modo de escapar del dolor es evitar el afecto y la relación con los demás. Aunque Pedro intenta superar esta visión negativa del mundo, los tristes acontecimientos de su vida parecen demostrarle que el hombre está condenado al fracaso. *El camino* presenta la vida de un niño que vive feliz en su pueblo hasta que su padre decide enviarlo a la ciudad para que estudie y pueda prosperar. *Las ratas* es una terrible muestra de la miseria de la vida en un pueblo de Castilla en el que los habitantes viven sometidos a los caprichos del cacique y las exigencias de una naturaleza dura. La existencia de los personajes no parece tener más sentido que la mera supervivencia. El protagonista es un niño que sobrevive cazando ratas. Sus reflexiones muestran un sentido común que los adultos claramente no poseen.

Cinco horas con Mario adopta técnicas de la novela experimental. La narración no es lineal, pero no es una obra de difícil lectura. Se articula como un largo soliloquio de Carmen, quien pasa cinco horas velando el cadáver de su marido, Mario. Ella, aunque reprocha los defectos de Mario, sin quererlo realza su humanidad, su generosidad y su nobleza, y, también de forma involuntaria, muestra el lado más abominable de la sociedad opresiva, el catolicismo mentiroso y la hipocresía.

Los santos inocentes combina narración tradicional, oralidad, recursos vanguardistas y técnicas más modernas. La obra se centra en una familia de humildes campesinos de un cortijo que muestran una fidelidad incondicional por su patrón, a pesar de que éste los trata como si fueran animales. Azarías, el protagonista, es un deficiente mental que siente adoración por sus pájaros y por una de sus sobrinas, también deficiente. El texto es una alegoría de la represión y crueldad de la sociedad franquista para con los desamparados.

JUAN GOYTISOLO

Juan Goytisolo (1931-) se autoexilió a París y Marrakech. Fue muy crítico con el franquismo, por lo que sus textos fueron censurados en España. Hoy en día es uno de los intelectuales más prestigiosos. Sus obras rompen con las técnicas tradicionales para analizar y criticar la realidad española y la civilización occidental en general. En la novela experimental *Señas de identidad*, el protagonista, Álvaro Mendiola, regresa del exilio a Barcelona, donde se siente extranjero. A través de unas fotografías, unas cartas, un atlas y otros objetos, recupera su propia historia y la de su patria. Descubre una España rabiosa, brutal y violenta, siempre envuelta en conflictos, abocada al enfrentamiento civil desde siglos atrás e incapaz de superar sus secuelas. Esta novela forma una trilogía junto con *Reivindicación del conde don Julián* y *Juan sin tierra*.

PRINCIPALES AUTORES CONTEMPORÁNEOS

La falta de perspectiva histórica, la cantidad de novelas publicadas, las exigencias del mercado, la enorme variedad de la producción y la negativa de la mayor parte de los escritores a ser encasillados en un grupo hacen que resulte muy difícil clasificar la novela producida en España en las últimas décadas. A continuación se mencionan algunos de los autores más destacados por orden cronológico de nacimiento.

Carmen Martín Gaite (1925-2000) se esfuerza en descubrir aspectos de la intimidad humana más profunda, especialmente de la mujer. Es autora de una novela emblemática, *Entre visillos*, y un ensayo imprescindible para comprender la vida sentimental durante el franquismo: *Usos amorosos de la posguerra española*. Con el tiempo, fue simplificando la estructura y la trama de sus novelas. En *Nubosidad variable* se nos presenta el interesante testimonio de unas mujeres que luchan por vencer su atormentado mundo interior para lograr la independencia. Sofía y Mariana rompieron su amistad de juventud porque se enamoraron del mismo hombre. Sofía es ahora un ama de casa culta, amenazada por la depresión, y Mariana una psiquiatra que ha alcanzado el éxito profesional pero no la felicidad. La relación entre las dos las lleva a descubrir aspectos de sí mismas que ni siquiera sospechaban.

Manuel Vázquez Montalbán (1939-2003) cultivó el género negro y creó al popular detective Carvalho, protagonista de novelas como *Tatuaje*, *La soledad del manager* o *Los mares del Sur*. La intriga queda en un segundo plano y los desenlaces suelen ser previsibles. El propósito principal del autor era retratar la España de la transición hacia la democracia, poniendo al descubierto las carencias heredadas del régimen franquista. En todas sus novelas hay un espacio para la gastronomía. Aunque una parte de la crítica le reprocha su orientación comercial, Vázquez Montalbán consiguió darle al género negro profundidad y convertirlo en una manifestación literaria de primer orden.

José María Merino (1941-) cultiva la metanovela, es decir, aquélla en la que se emplea la narración para explicar los secretos de la escritura. En *La orilla oscura*, Pedro Palaz, un profesor español que visita una universidad de Centroamérica, entiende que su vida está tan contaminada de literatura que le resulta difícil distinguir lo vivido de lo leído, o darle más importancia a lo uno o a lo otro. La realidad, la fantasía y el sueño se juntan hasta el extremo de que el lector, al igual que Palaz, se ve incapaz de separarlas. *El centro del aire* insiste en las mismas obsesiones y elabora un mundo mítico a partir de las vivencias cotidianas. Dos hombres y una mujer descubren que es posible que una amiga no haya muerto en un accidente de avión, como se creía, y uno de ellos, que es escritor, convence a los demás para buscarla.

Luis Mateo Díez (1942-) ha sido muy alabado por la crítica por su dominio del lenguaje. *Las estaciones provinciales* se ambienta en una pequeña capital de provincia que se presenta como el lugar asfixiante donde el protagonista se siente desamparado ante la pobreza y la limitación social, política e intelectual. En *El espíritu del páramo* y *La ruina del cielo*, se nos narran distintas historias de carácter casi independiente localizadas en Celama, un espacio rural. El autor rinde homenaje a este mundo que se extingue, a la vez que presenta sus problemas. Refleja cómo las costumbres del campo desaparecerán cuando todas las personas asuman los valores de la ciudad y de la aldea global.

Eduardo Mendoza (1943-) aprovecha las aportaciones de la vanguardia y las características del género negro en *La verdad sobre el caso Savolta*, novela sobre los movimientos anarquistas catalanes de principios del siglo XX. Aparte de la narración, la obra integra los elementos más dispares, todos ficticios: artículos periodísticos, transcripciones mecanografiadas de interrogatorios, declaraciones juradas, etc. *El misterio de la cripta embrujada* es una divertida parodia de la novela negra en la que contrastan las situaciones vulgares y denigrantes de los personajes con el habla culta del narrador en primera persona. *La ciudad de los prodigios* cuenta el ascenso en el mundo de la delincuencia de un emigrante en la Barcelona de finales del siglo XIX y principios del XX.

Juan José Millás (1946-) es autor de la metanovela *El desorden de tu nombre*. Julio acude a un psicoanalista. La mujer a la que amaba, Teresa, muere en un accidente tras haber roto con él. Julio inicia una relación con Laura, la mujer de su psicoanalista, que para él es la reencarnación de Teresa. Los sucesos son tan disparatados que Julio comienza a confundir realidad y ficción, y siente que ya no es dueño de su vida. *La soledad era esto* es una narración sencilla e introspectiva. La protagonista encuentra unos cuadernos escritos por su difunta madre que la ayudan a comprenderla y también a aceptarse a sí misma.

Luis Landero (1948-) describe en *Juegos de la edad tardía* y *El mágico aprendiz* la tragicomedia de los sueños incumplidos. Sus protagonistas son perdedores a los que presenta de un modo amable y cariñoso. En sus obras, de tinte cervantino, la audacia menuda y la solidaridad sincera suelen obrar verdaderos milagros. Y cuando el milagro se les escapa a los personajes entre los dedos, no importa: no queda el rencor, ni la tragedia, sino la vaga melancolía de haber tocado la perfección y de haberla visto escapar, para conservar en el recuerdo apenas su perfume.

Javier Marías (1951-) ha alcanzado gran reconocimiento internacional y éxito de público con novelas de marcado carácter intelectual. Su obra aúna el culturalismo y el descubrimiento de la intimidad de unos personajes que se sienten diferentes de quienes los rodean y luchan por encontrar su sitio en un mundo que les resulta extraño. En *Todas las almas* narra su estancia en Oxford como profesor de español. Los sucesos apenas tienen relevancia y el interés se centra en la evolución del protagonista, en sus sensaciones y en su vida intelectual. *Corazón tan blanco* nos muestra la angustia de Juan Ranz, quien se encuentra de luna de miel en La Habana, cuando lo asaltan premoniciones inquietantes. *Mañana en la batalla piensa en mí* parte de una situación sorprendente: un hombre acude a una cita romántica a casa de una mujer, madre de un niño pequeño que se encuentra allí; durante la cena, ella enferma y muere.

Arturo Pérez Reverte (1951-) es uno de los autores más leídos hoy en España gracias a su serie de novelas sobre el capitán Alatriste, un soldado de los Tercios del siglo XVII que malvive en un imperio español, glorioso y miserable a la vez. Su mejor acierto radica en el registro: una lengua de sabor barroco sin caer en la ostentación presuntuosa. *La tabla de Flandes y El club Dumas* combinan la novela negra con el tema histórico. Son también dignas de mención sus novelas *La carta esférica y La reina del Sur*. En todas sus obras, el autor usa personajes estereotipados y tramas del folletín, pero es capaz de mantener el interés del lector a través de intrigas complejas y bien trabajadas.

Julio Llamazares (1955-) introduce en la novela el lirismo de su poesía. Aborda asuntos como el paso del tiempo, la destrucción de lo amado y la muerte. El entorno rural de su juventud se transforma en un espacio mítico que lo lleva a la nostalgia por ese paraíso perdido que, además, está siendo devorado por la ciudad y va a desaparecer para siempre. Sus personajes suelen ser desarraigados y solitarios, incapaces de adaptarse a un mundo cambiante. En *Luna de lobos*, cuatro maquis (guerrilleros que luchan contra el franquismo, escondidos en la naturaleza) son acosados por la guardia civil. En *La lluvia amarilla*, el protagonista se convierte en el único habitante de su pueblo del Pirineo aragonés que no ha emigrado. Su mujer, que no puede soportar el aislamiento, se suicida. Andrés, en su lecho de muerte, reconstruye su mundo y su evolución interior, desde la más absoluta soledad hasta la locura.

Antonio Muñoz Molina (1955-) suele desarrollar tramas complejas con historias paralelas y múltiples perspectivas. A través de una prodigiosa capacidad expresiva, observa los grandiosos o raquíticos motivos que empujan a los hombres. En *Beatus Ille*, Minaya se aparta de las huelgas estudiantiles de los años 60 para recluirse en un cortijo y comenzar una investigación acerca de un poeta republicano que murió en un tiroteo con la guardia civil: las apariencias esconden realidades insospechadas. *El jinete polaco* es su obra cumbre. Nadia es la hija del comandante republicano Galaz, que, tras la guerra, se ve obligado a exiliarse a Estados Unidos. Ella se enamora de Manuel, un chico de su pueblo que alternaba el estudio y el trabajo en el campo hasta que consiguió hacerse traductor en Bruselas. Juntos recuperan su historia y la de sus antepasados durante varias generaciones en el pueblo de Mágina, donde se ambientan muchas de las novelas de Muñoz Molina. En *Plenilunio*, los tópicos del género negro se cumplen: el asesino vuelve al lugar del crimen, hay una historia de amor y la investigación ocupa una parte importante de la trama. Sin embargo, la novela sale de las convenciones al presentar al principio de la narración al asesino y sus móviles.

Almudena Grandes (1960-) es heredera del espíritu de la famosa movida madrileña, un movimiento cultural que pretendía la liberación de las artes y que se desarrolló fundamentalmente durante los años 80. Sus novelas son realistas y en ellas explora la profundidad psicológica de los personajes. *Te llamaré viernes* narra cómo Benito intenta encontrarse a sí mismo, y se siente como un Robinson, náufrago en el Madrid actual, hasta que conoce a Manuela. *Atlas de geografía humana* presenta la vida interior de cuatro mujeres que indagan en su infancia, en su familia y en su vida. Las historias se cruzan hasta que las protagonistas encuentran su lugar en el mundo. Parte de la crítica ha señalado que los sentimientos se trivializan para que la identificación con las lectoras (y compradoras) resulte más sencilla. Particularmente popular fue su novela erótica *Las edades de Lulú*.

Lorenzo Silva (1966-) crea personajes que parecen triunfadores, pero todos ellos agotan su valía personal en tareas insignificantes, monótonas y vulgares. Por ello, se lanzan al ataque desesperado o huyen: todo menos conformarse. Así comienzan un viaje interior hacia su verdadero yo, mientras intentan hacer frente a una sociedad alienante y cuadriculada. En *La flaqueza del bolchevique*, el protagonista sufre un accidente de tráfico con una mujer que lo humilla y él comienza a hacerle llamadas telefónicas insultantes y amenazadoras. Siguiéndola, descubre que tiene una hermana adolescente con la que empieza una extraña relación sentimental que le permite descubrir que la felicidad es posible. La popularidad de Silva se debe a sus novelas negras, especialmente a las protagonizadas por los guardias civiles Bevilaqua y Chamorro, como *El alquimista impaciente* y *La marca del meridiano*. Es también autor de *El nombre de los nuestros*, ambientada en la Guerra de Marruecos, y de *La sustancia interior*, de clara influencia kafkiana.

LA GENERACIÓN X

En los años 90 apareció un grupo de autores jóvenes, nacidos apenas dos décadas antes, que escribían realismo sucio y que fueron etiquetados como *Generación x*. Mostraban una juventud sin ningún problema material pero falta de valores, que ha renunciado a buscarle un sentido a la existencia.

Lucía Etxebarria (1966-) escribe, según ella, como consecuencia de una enfermedad psicológica de difícil diagnóstico, que se manifiesta literariamente en una serie de obsesiones repetidas hasta la saciedad. Sus personajes son todos muy parecidos, mujeres que se enfrentan a una sociedad que intenta imponerles unos papeles alienantes que las condenan a la negación de sí mismas, de sus capacidades y de sus instintos. Ellas luchan como pueden y se lanzan a la vorágine del sexo o de las drogas. Sus novelas describen el tortuoso camino de unos seres que desean encontrarse consigo mismos y que no tienen más remedio que enfrentarse al infierno de la existencia cotidiana con las pocas armas que han quedado a su alcance. Entre sus obras destacan *Amor, curiosidad, prozac y dudas*, *Beatriz y los cuerpos celestes* y *Nosotras que no somos como las demás*.

José Ángel Mañas (1971-), en *Historias del Kronen*, presenta a unos personajes hijos de la riqueza material, el hedonismo y la desesperación. Practican el sexo con asiduidad, pero sin mucho entusiasmo, viven sin más preocupación que la de sortear las pocas reglas que sus padres o la sociedad intentan marcarles y se entregan a las drogas como si se tratara de una religión.

LA NOVELA HISTÓRICA

Quizás el género más popular hoy en día, junto con la novela negra, es el de la novela histórica. Se considera que el autor debe documentarse escrupulosamente y que el mérito de la creación reside en conseguir el equilibrio entre información histórica y calidad literaria. Muchas de estas novelas se ambientan en un pasado más o menos lejano, como *El hereje* de Miguel Delibes, *En busca del unicornio* de **Juan Eslava Galán** y *El maestro de esgrima* de Arturo Pérez-Reverte. Sin embargo, los temas más repetidos son la Guerra Civil y la posguerra, puesto que las heridas que generó y produjo el conflicto todavía no han sanado. **Dulce Chacón** en *La voz dormida* recoge la historia de unas reclusas en la cárcel de Las Ventas que luchan a toda costa por mantener su dignidad. *La noche de los tiempos* de **Antonio Muñoz Molina** narra las vivencias de Ignacio Abel, que simpatiza con la República.

El auge de este género ha llevado a algunos escritores a apostar por él para construir *best sellers*. *La catedral del mar* de **Ildefonso Falcones**, claramente influida por *Los pilares de la tierra* de Ken Follet, narra la construcción del enorme templo de Santa María del Mar en un humilde barrio de pescadores en la Barcelona del siglo XIV. Su protagonista, Arnau, pasa por distintos estados sociales y se ve envuelto en intrigas propias del folletín.

Otras novelas históricas relevantes son *El nombre que ahora digo* de **Antonio Soler**, *El corazón helado* de **Almudena Grandes** y *El Baño de la Cava* de **Alfonso Ruiz de Aguirre**.

LITERATURA LGBT

Existe un mercado bastante amplio de literatura LGBT en la que destacan *El mismo mar de todos los veranos* de **Esther Tusquets** y *Los novios búlgaros* **Eduardo Mendicutti**. En la novela de Tusquets, la protagonista intenta recuperar la figura materna, a la que por un lado admira y endiosa y por otro culpa de su alienación. La narradora está casada con un seductor que la engaña con otras mujeres y tiene una hija que la ningunea. Gracias al amor por una joven estudiante, consigue asumir su pasado, su sexualidad y su cuerpo. Sin embargo, al final, tras su periodo de aprendizaje, regresa a su vida anodina y socialmente correcta, y de este modo se defrauda a sí misma y a Clara, su amante y su amor.

LITERATURA FANTÁSTICA, INFANTIL Y JUVENIL

La literatura fantástica, antes poco habitual en España, ha conocido un cierto auge. *Olvidado rey Gudú* de **Ana María Matute** se ambienta en un mundo imaginario de apariencia medieval. Se unen elementos fabulosos y propios de los cuentos tradicionales, como duendes, ninfas y fantasmas, con despiadadas historias en las que la ambición, la envidia y la crueldad revelan los aspectos más oscuros del ser humano. Hoy los escritores de este género se dirigen a menudo a los adolescentes.

Gloria Fuertes (1917-1998) se convirtió en un referente dentro de la literatura infantil, aunque también escribió para adultos. Estuvo vinculada a la generación del 50 y al postismo, del que le quedó una visión lúdica de la literatura. Creó poesía, cuento y teatro para niños y participó también en programas televisivos infantiles, lo que contribuyó a su popularidad.

En la actualidad se publica abundante novela infantil y juvenil. Destacan *Memorias de Idhún* de **Laura Gallego**, *Como la piel del caimán* de **Ricardo Gómez Gil**, *Los ojos del lobo* de **Care Santos** y *Zara y el librero de Bagdad* de **Fernando Marías**. *Memorias de Idhún* es una trilogía que relata sucesos fantásticos que acaecen en la Tierra y en Idhún, donde conviven humanos y seres fabulosos. Los protagonistas, Jack, Victoria y Kirtash, forman un triángulo amoroso sobre el que descansa gran parte de la intriga.

Edad Media				
Siglo XI	Siglo XII	Siglo XIII	Siglo XIV	Siglo XV
Jarchas	*Cantar de Mío Cid* Cantares de gesta *Auto de los Reyes Magos*	Alfonso X Gonzalo de Berceo	*Libro de buen amor* Don Juan Manuel	Romances viejos Poesía de Cancionero Jorge Manrique *La Celestina*

Siglo XVI: Renacimiento					
Poesía		Prosa			Teatro
Garcilaso de la Vega	Poesía religiosa	Diálogo renacentista	Novela renacentista	Picaresca	Juan del Encina Lucas Fernández Torres Naharro Gil Vicente Lope de Rueda
Garcilaso de la Vega	Fray Luis de León San Juan de la Cruz Santa Teresa de Ávila	Alfonso de Valdés Juan de Valdés *El Crotalón*	*Amadís de Gaula* *La Diana* *Los trabajos de Persiles y Sigismunda* *El Abencerraje*	*Lazarillo de Tormes*	Juan del Encina Lucas Fernández Torres Naharro Gil Vicente Lope de Rueda

Miguel de Cervantes (1547-1616)	
Prosa	Teatro
El Quijote *Novelas ejemplares*	*La Numancia* *Ocho comedias y ocho entremeses*

Siglo XVII: Barroco			
Poesía	Prosa		Teatro
Luis de Góngora Lope de Vega Francisco de Quevedo	Baltasar Gracián María de Zayas	Picaresca *Guzmán de Alfarache* *El Buscón* *Vida del escudero Marcos de Obregón* *La pícara Justina*	Lope de Vega Calderón de la Barca Tirso de Molina Juan Ruiz de Alarcón Francisco Rojas Zorrilla Agustín Moreto

Siglo XVIII: Ilustración y Neoclasicismo

Poesía	Prosa	Teatro
Leandro Fernández de Moratín Juan Meléndez Valdés	José Cadalso Fray Benito Jerónimo Feijoo Gaspar Melchor de Jovellanos	Leandro Fernández de Moratín Antonio de Zamora

Siglo XIX: Romanticismo

Preromanticismo (siglo XVIII)	Romanticismo			Postromanticismo
	Poesía	Prosa	Teatro	
Noches lúgubres	José de Espronceda Duque de Rivas José Zorrilla	Mariano José de Larra	*Don Álvaro o la fuerza del sino* *Don Juan Tenorio*	Rosalía de Castro Gustavo Adolfo Bécquer

Siglo XIX: Realismo y naturalismo

Realismo		Naturalismo
Cecilia Böhl de Faber Pedro Antonio de Alarcón Juan Valera	Benito Pérez Galdós Clarín	Emilia Pardo Bazán Vicente Blasco Ibáñez

1898-1936

Modernismo	Generación del 98	Novecentismo	Vanguardia y Grupo del 27	
Manuel Machado	Miguel de Unamuno Azorín Pío Baroja Antonio Machado Valle-Inclán	Ortega y Gasset Juan Ramón Jiménez Ramón Pérez de Ayala Gabriel Miró	Ramón Gómez de la Serna Federico García Lorca Pedro Salinas Luis Cernuda Rafael Alberti	Jorge Guillén Vicente Aleixandre Gerardo Diego Dámaso Alonso

Poesía de 1936-1975

	1930s-1950s				Grupo de los 50	Los Novísimos
	Poesía arraigada	Grupo Cántico	Poesía desarraigada	Poesía social		
Miguel Hernández	Luis Rosales Dionisio Ridruejo José García Nieto	Pablo García Baena Carlos Edmundo de Ory	Dámaso Alonso	Blas de Otero Gabriel Celaya José Hierro	Ángel González José Agustín Goytisolo Claudio Rodríguez	Pere Gimferrer Ana María Moix Guillermo Carnero Leopoldo María Panero

Narrativa de 1936-1975			
Narrativa en el exilio	Novela Existencialista	Novela social	Novela experimental
Ramón J. Sender Max Aub Francisco Ayala Arturo Barea Rosa Chacel	Carmen Laforet	Rafael Sánchez Ferlosio Ignacio Aldecoa Jesús Fernández Santos	Juan Benet Gonzalo Torrente Ballester Juan Marsé Luis Martín Santos Camilo José Cela Miguel Delibes Juan Goytisolo

Poesía contemporánea			
De la experiencia	Vanguardista	Neosurrealista	Poesía de la conciencia
Luis Alberto de Cuenca Luis García Montero Carlos Marzal Ana Rosseti	*La prueba del nueve*	Blanca Andreu Amalia Iglesias Fernando Beltrán	Jorge Riechmann Isabel Pérez Montalbán Enrique Falcón Juan Carlos Suñén Antonio Orihuela

Narrativa contemporánea					
		Generación X	Novela histórica	Literatura LGBT	Literatura fantástica, infantil y juvenil
Carmen Martín Gaite Manuel Vázquez Montalbán José María Merino Luis Mateo Díez Eduardo Mendoza Juan José Millás Luis Landero	Javier Marías Arturo Pérez Reverte Julio Llamazares Antonio Muñoz Molina Almudena Grandes Lorenzo Silva	Lucía Etxebarria José Ángel Mañas	Juan Eslava Galán Dulce Chacón Antonio Muñoz Molina Antonio Soler Almudena Grandes Alfonso Ruiz de Aguirre Ildefonso Falcones	Esther Tusquets Eduardo Mendicutti	Gloria Fuertes Laura Gallego Ricardo Gómez Gil Care Santos Fernando Marías

Teatro de 1936 hasta hoy				
1936-1960	Teatro existencial y social	Teatro experimental	Teatro independiente	Teatro contemporáneo
José María Pemán Alejandro Casona Enrique Jardiel Poncela Alfonso Paso Miguel Mihura	Lauro Olmo Antonio Buero Vallejo Alfonso Sastre	Francisco Nieva Fernando Arrabal	Tábano Teatro Estudio de Madrid Los Goliardos Els Joglars Els Comediants	José Sanchís Sinisterra José Luis Alonso de Santos Paloma Pedrero Sergi Belbel Juan Mayorga

CPSIA information can be obtained
at www.ICGtesting.com
Printed in the USA
BVHW011351020821
613218BV00005B/80